公路工程试验检测人员考试复习指南

（一）《公共基础》

黎　霞　主编
李宇峙　主审

人民交通出版社

内 容 提 要

本书结合最新《公路工程试验检测人员考试大纲》中《公共基础》科目考试要求编写，以公路水运工程试验检测工作中涉及的现行政策、法律、法规为依据，阐述了计量认证和试验检测技术与管理的基础知识。全书共分三章，内容包括基本法律规定及法律效力、计量认证相关内容、试验检测基础知识，每章后配有复习思考题。

本书可供参加公路水运工程试验检测的人员复习备考使用，也可供公路水运工程试验检测人员在工作中参考。

图书在版编目(CIP)数据

公路工程试验检测人员考试复习指南.1，公共基础/黎霞主编．—北京：人民交通出版社，2013.5

ISBN 978-7-114-10585-2

Ⅰ．①公… Ⅱ．①黎… Ⅲ．①道路工程—试验—资格考试—自学参考资料②道路工程—检测—资格考试—自学参考资料 Ⅳ．①U41

中国版本图书馆 CIP 数据核字(2013)第 088346 号

书　　名：公路工程试验检测人员考试复习指南(一)《公共基础》
著 作 者：黎　霞
责任编辑：曲　乐　刘永超
出版发行：人民交通出版社
地　　址：(100011)北京市朝阳区安定门外外馆斜街 3 号
网　　址：http://www.ccpress.com.cn
销售电话：(010)59757973
总 经 销：人民交通出版社发行部
经　　销：各地新华书店
印　　刷：北京盈盛恒通印刷有限公司
开　　本：787 × 1092　1/16
印　　张：9
字　　数：219 千
版　　次：2013 年 5 月　第 1 版
印　　次：2014 年 4 月　第 2 次印刷
书　　号：ISBN 978-7-114-10585-2
定　　价：25.00 元
(有印刷、装订质量问题的图书由本社负责调换)

前　言

高等级公路的飞速发展以及试验检测设备和技术的快速更新，对高等级公路建设和管理水平提出了更高的要求。同时，由于试验检测是工程质量控制与评判的基础，试验检测数据的规范、客观、公正、准确，直接关系到工程的质量，因此，公路工程试验检测工作更显重要，对参加试验检测和管理工作的技术人员的要求更高。为了贯彻实施交通运输部《公路水运工程试验检测管理办法》，不断提升试验检测人员检测技术实力和水平，进一步规范试验检测人员的管理，满足公路工程试验检测人员业务考试的需要，特编写本套复习指南。

本套复习指南按《公路水运工程试验检测人员考试大纲》(2013 版)中的科目设置分为三册，第一册为《公共基础》；第二册为《公路》、《材料》；第三册为《桥梁》、《隧道》；并按试验检测工程师和试验员的要求，详细阐述各部分的知识要点及其试验的基本原理、基本操作过程和数据的分析及处理。

本套复习指南由黎霞教授主编，李宇峙教授主审。其中第一册《公共基础》由长沙理工大学高燕希、黎霞编写。第二册《公路》中第一章、第三章～第五章由长沙理工大学黎霞编写，第二章由长沙理工大学黄云涌编写；《材料》中第一章和第八章由长沙理工大学高燕希、黎霞编写，第二章～第四章、第六章和第七章由长沙理工大学黄云涌编写，第五章由长沙理工大学黎霞编写。第三册《桥梁》中第一章和第二章由长沙理工大学蔡长丰编写，第三章和第四章由长沙理工大学肖常青编写；《隧道》中第一章～第五章由长沙理工大学张庆彬编写，第六章～第八章由长沙理工大学肖常青编写。

本套复习指南在编写过程中，参考了有关标准、规范、试验规程、教材和论著等，在此谨向有关编者表示衷心感谢！由于编者水平有限，书中缺陷和不妥之处在所难免，敬请各位专家和同仁提出宝贵意见，以便进一步修改完善。

主编

2013 年 4 月

目　录

第一章　基本法律规定及法律效力

主要内容:

本章主要介绍计量认证、审查认可(验收)的有关法律规定及法律效力,以及公路水运工程的有关法律规定。

复习要点:

《中华人民共和国计量法》、《中华人民共和国计量法实施细则》、《中华人民共和国标准化法》、《中华人民共和国标准化法实施条例》、《中华人民共和国产品质量法》、《建设工程质量管理条例》中有关产品质量监督检验及检测机构质量管理体系的条款;公路水运工程试验检测管理办法、公路水运工程试验检测机构等级标准、评审程序、现场评审的主要内容;交通行业标准体系的要求,试验检测标准、规范、规程的分类及其使用原则,信用评价标准要求,公路水运工程试验检测机构换证复核的基本要求。

试验检测机构专业、类别、等级的划分,取得公路水运检测机构等级证书的条件、有效期;《公路水运工程试验检测管理办法》中对试验检测活动的规定;等级评审程序内容及增项管理规定;试验检测人员专业、等级的划分、报考条件及考试违规的处理;信用评价办法适用范围、标准及信用等级划分;工地试验室管理要求、公路水运试验检测人员继续教育的有关要求、公路水运工程试验检测机构换证复核的程序和基本要求、现场核查的主要内容。

第一节　计量法的有关法律规定及法律效力

我国的计量认证工作依据《中华人民共和国计量法》,现摘录有关法律条文如下:

第三条　国家采用国际单位制。

第七条　国务院有关主管部门和省、自治区、直辖市人民政府有关主管部门,根据本部门的特殊需要,可以建立本部门使用的计量标准器具,其各项最高计量标准器具经同级人民政府计量行政部门主持考核合格后使用。

第九条　县级以上人民政府计量行政部门对社会公用计量标准器具,部门和企业、事业单位使用的最高计量标准器具,以及用于贸易结算、安全防护、医疗卫生、环境监测方面的列入强制检定目录的工作计量器具,实行强制检定。未按照规定申请检定或者检定不合格的,不得使用。实行强制检定的工作计量器具的目录和管理办法,由国务院制定。

对前款规定以外的其他计量标准器具和工作计量器具,使用单位应当自行定期检定或者送其他计量检定机构检定,县级以上人民政府计量行政部门应当进行监督检查。

第十条　计量检定必须按照国家计量检定系统表进行。国家计量检定系统表由国务院计量行政部门制定。

计量检定必须执行计量检定规程。国家计量检定规程由国务院计量行政部门制定。没有国家计量检定规程的，由国务院有关主管部门和省、自治区、直辖市人民政府计量行政部门分别制定部门计量检定规程和地方计量检定规程，并向国务院计量行政部门备案。

第十一条 计量检定工作应当按照经济合理的原则，就地就近进行。

第二十条 县级以上人民政府计量行政部门可以根据需要设置计量检定机构，或者授权其他单位的计量检定机构，执行强制检定和其他检定、测试任务。

执行前款规定的检定、测试任务的人员，必须经考核合格。

第二十一条 处理因计量器具准确度所引起的纠纷，以国家计量基准器具或者社会公用计量标准器具检定的数据为准。

第二十二条 为社会提供公证数据的产品质量检验机构，必须经省级以上人民政府计量行政部门对其计量检定、测试的能力并可靠性考核合格。

其立法原意，在于为社会提供公证数据的产品质量检验机构要实施计量监督，要通过严格的技术考核，确认其是否真正具备同检验工作相适应的计量检定、测试的能力和可靠性。这是政府部门运用包括计量检定考核等技术手段，来评价产品质量检验机构是否真正具有为社会提供公证数据的条件和资格，是一项技术性很强的法制监督工作。

第二十七条 使用不合格的计量器具或者破坏计量器具准确度，给国家和消费者造成损失的，责令赔偿损失，没收计量器具和违法所得，可以并处罚款。

《中华人民共和国计量法实施细则》中用整整一章（第七章　产品质量检验机构的计量认证，共5条）的篇幅对计量认证做了明确规定。

第三十二条 为社会提供公证数据的产品质量检验机构，必须经省级以上人民政府计量行政部门计量认证。

第三十三条 明确产品质量检验机构计量认证的内容：

（一）计量检定、测试设备的性能；

（二）计量检定、测试设备的工作环境和人员的操作技能；

（三）保证量值统一、准确的措施及检测数据公正可靠的管理制度。

第三十四条 产品质量检验机构提出计量认证申请后，省级以上人民政府计量行政部门应指定所属的计量检定机构或者被授权的技术机构按照本细则第三十三条规定的内容进行考核。考核合格后，由接受申请的省级以上人民政府计量行政部门发给计量认证合格证书。未取得计量认证合格证书的，不得开展产品质量检验工作。

第三十五条 省级以上人民政府计量行政部门有权对计量认证合格的产品质量检验机构，按照本细则第三十三条规定的内容进行监督检查。

本条是监督管理规定。

第三十六条 已经取得计量认证合格证书的产品质量检验机构，需新增检验项目时，应按照本细则有关规定，申请单项计量认证。

本条是增项考核规定。

国家质检总局以86号局长令颁布《实验室和检查机构资质认定管理办法》时，宣布同时废止原国家计量局1987年发布的《产品质量检验机构计量认证管理办法》，这个被取代的计量认证管理办法在过去近20年中，因其中第四条的规定：“经计量认证合格的产品质量检验机构所提供的数据，用于贸易出证、产品质量评价、成果鉴定作为公证数据，具有法律效力”,使得经计量认证考核合格的检验机构出具的检验报告无须经公证机构公证而自动成为公证数据,从而具有法律效力。有关方面对这条规定一直存在争议,一些人认为,行政机关的规定,不应干预司法,检测数据是否具有法律效力是司法部门决定的事情。另一些人认为,这是部门规章,非一般文件,这样规定,无可厚非,而且,这一条规定,极大地推动了计量认证工作在我国的开展。新推出的《实验室和检查机构资质认定管理办法》则没有再出现“经资质认定的实验室出具的检测数据具有法律效力”这样的提法,是比较科学的。

按照《计量法》及《计量法实施细则》的规定,凡是为社会提供公证数据的产品质量检验机构作为第三方的产品质量检验机构,它的可信赖性,必须以下列条件为前提:①要独立于制造、销售或至少独立于研究、开发之外,真正处于公正的地位;②要具有适应评价产品质量优劣所需要的技术手段;③出具的检定、测试数据的可靠性,要能得到社会的承认。总之,它取决于是否具备计量检定、测试的能力,是否能提供科学准确可靠的数据,是否能保证各方的正当利益。确认其可依赖性和可靠性,必须凭科学数据说话。《计量法》中所称的“公证数据”,是指面向社会从事检测工作的技术机构为他人做决定、仲裁、裁决所出具的可引起一定法律后果的数据,即除了具有真实性和科学性外,还具有合法性。公证数据的准确可靠,必须溯源于计量基准和社会公用计量标准。计量认证的法律效力归纳为:

(1)在计量法律法规体系中占有相当重要的地位,即从法律、法规、部门规章均有明确的规定来体现。

(2)“为社会提供公证数据的产品质量检验机构,必须经省级以上人民政府计量行政部门对其计量检定、测试能力和可靠性考核合格”,是指未取得计量认证合格证书的,不得开展产品质量检验工作。表明这项工作是强制性的政府监督行为。

(3)计量认证定位在省级以上的政府计量行政部门考核合格,才有资格为社会提供公证数据,这同计量工作的其他方面不一样,表明政府对这项工作行使的权限是严格控制的。

(4)强制要求产品质量检验机构的量值必须溯源到国家计量基准,最高等级的计量标准也应取得法定的资格,以保证国家单位量值的统一、准确可靠。

第二节　审查认可(验收)的有关法律规定及法律效力

审查认可(验收)是针对质量技术监督系统依法设置的质检机构的验收和对有关行业部门建立、经质量技术监督部门授权的质检机构的评审考核。审查认可(验收)必须依据国家有关法律规定进行。

一、中华人民共和国《标准化法》有关条文

第二条　对下列需要统一的技术要求,应当制定标准:

(一)工业产品的品种、规格、质量、等级或者安全、卫生要求。

(二)工业产品的设计、生产、检验、包装、储存、运输、使用的方法或者生产、储存、运输过程中的安全、卫生要求。

（三）有关环境保护的各项技术要求和检验方法。

（四）建设工程的设计、施工方法和安全要求。

（五）有关工业生产、工程建设和环境保护的技术术语、符号、代号和制图方法。

重要农产品和其他需要制定标准的项目，由国务院规定。

第六条 对需要在全国范围内统一的技术要求，应当制定国家标准。国家标准由国务院标准化行政主管部门制定。对没有国家标准而又需要在全国某个行业范围内统一的技术要求，可以制定行业标准。行业标准由国务院有关行政主管部门制定，并报国务院标准化行政主管部门备案，在公布国家标准之后，该项行业标准即行废止。对没有国家标准和行业标准而又需要在省、自治区、直辖市范围内统一的工业产品的安全、卫生要求，可以制定地方标准。地方标准由省、自治区、直辖市标准化行政主管部门制定，并报国务院标准化行政主管部门和国务院有关行政主管部门备案，在公布国家标准或者行业标准之后，该项地方标准即行废止。

企业生产的产品没有国家标准和行业标准的，应当制定企业标准，作为组织生产的依据。企业的产品标准须报当地政府标准化行政主管部门和有关行政主管部门备案。已有国家标准或者行业标准的，国家鼓励企业制定严于国家标准或者行业标准的企业标准，在企业内部适用。

法律对标准的制定另有规定的，依照法律的规定执行。

第七条 国家标准、行业标准分为强制性标准和推荐性标准。保障人体健康，人身、财产安全的标准和法律、行政法规规定强制执行的标准是强制性标准，其他标准是推荐性标准。

省、自治区、直辖市标准化行政主管部门制定的工业产品的安全、卫生要求的地方标准，在本行政区域内是强制性标准。

第十四条 强制性标准，必须执行。不符合强制性标准的产品，禁止生产、销售和进口。推荐性标准，国家鼓励企业自愿采用。

第十九条 县级以上政府标准化行政主管部门，可以根据需要设置检验机构，或者授权其他单位的检验机构，对产品是否符合标准进行检验。法律、行政法规对检验机构另有规定的，依照法律、行政法规的规定执行。

第二十四条 标准化工作的监督、检验、管理人员违法失职、徇私舞弊的，给予行政处分；构成犯罪的，依法追究刑事责任。

二、中华人民共和国《标准化法实施条例》有关条文

第十八条 国家标准、行业标准分为强制性标准和推荐性标准。

下列标准属于强制性标准：

（一）药品标准，食品卫生标准，兽药标准；

（二）产品及产品生产、储运和使用中的安全、卫生标准，劳动安全、卫生标准，运输安全标准；

（三）工程建设的质量、安全、卫生标准及国家需要控制的其他工程建设标准；

（四）环境保护的污染物排放标准和环境质量标准；

（五）重要的通用技术术语、符号、代号和制图方法；

（六）通用的试验、检验方法标准；

（七）互换配合标准；

（八）国家需要控制的重要产品质量标准。

国家需要控制的重要产品目录由国务院标准化行政主管部门会同国务院有关行政主管部门确定。

强制性标准以外的标准是推荐性标准。

省、自治区、直辖市人民政府标准化行政主管部门制定的工业产品的安全、卫生要求的地方标准，在本行政区域内是强制性标准。

第二十九条　县级以上人民政府标准化行政主管部门，可以根据需要设置检验机构，或者授权其他单位的检验机构，对产品是否符合标准进行检验和承担其他标准实施的监督检验任务。检验机构的设置应当合理布局，充分利用现有力量。

国家检验机构由国务院标准化行政主管部门会同国务院有关行政主管部门规划、审查。地方检验机构由省、自治区、直辖市人民政府标准化行政主管部门会同省级有关行政主管部门规划、审查。

处理有关产品是否符合标准的争议，以本条规定的检验机构的检验数据为准。

第三十条　国务院有关行政主管部门可以根据需要和国家有关规定设立检验机构，负责本行业、本部门的检验工作。

第三十九条　标准化工作的监督、检验、管理人员有下列行为之一的，由有关主管部门给予行政处分，构成犯罪的，由司法机关依法追究刑事责任：

（一）违反本条例规定，工作失误，造成损失的；

（二）伪造、篡改检验数据的；

（三）徇私舞弊、滥用职权、索贿受贿的。

三、标准的代号、编号

《中华人民共和国标准化法实施条例》第二十一条规定：国家标准、行业标准和地方标准的代号、编号办法，由国务院标准化行政主管部门统一规定。企业标准的代号、编号办法，由国务院标准化行政主管部门会同国务院有关行政主管部门规定。第二十四条规定：企业生产执行国家标准、行业标准、地方标准或企业标准，应当在产品或其说明书、包装物上标注所执行标准的代号、编号、名称。

1. 强制性国家标准的编号为：

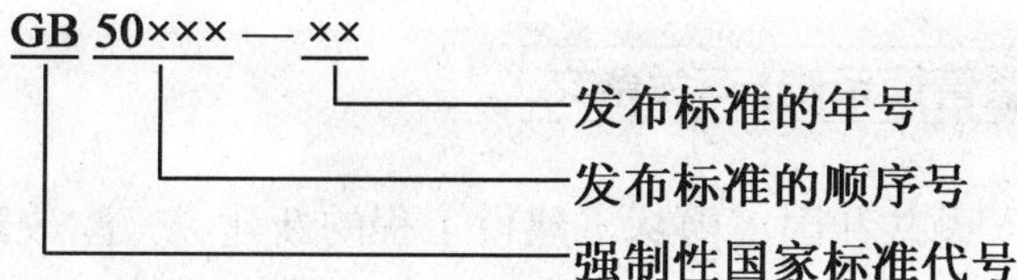

2. 推荐性国家标准的编号为：GB/T 50×××—××，其中T表示推荐。

3. 强制性行业标准的编号为

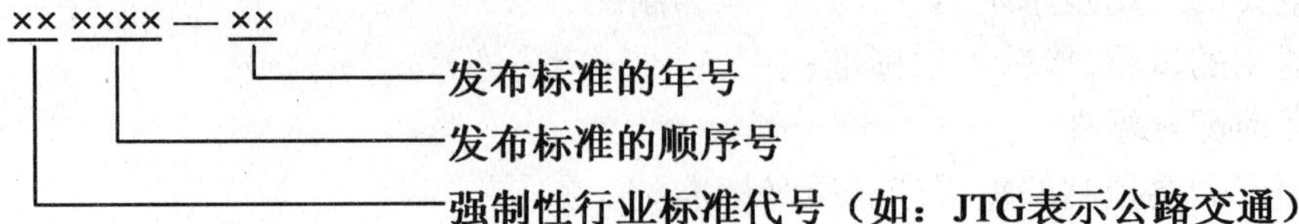

4. 推荐性行业标准的编号为：××/T 50×××—××，其中T表示推荐。

四、中华人民共和国《产品质量法》有关条文

第十九条　产品质量检验机构必须具备相应的检测条件和能力，经省级以上人民政府产品质量监督部门或者其授权的部门考核合格后，方可承担产品质量检验工作。法律、行政法规对产品质量检验机构另有规定的，依照有关法律、行政法规的规定执行。

第二十条　从事产品质量检验、认证的社会中介机构必须依法设立，不得与行政机关和其他国家机关存在隶属关系或者其他利益关系。

第二十一条　产品质量检验机构、认证机构，必须依法按照有关标准，客观、公正地出具检验结果或者认证证明。

第二十五条　产品质量监督部门或者其他国家机关以及产品质量检验机构不得向社会推荐生产者的产品；不得以对产品进行监制、监销等方式参与产品经营活动。

第四十八条　仲裁机构或者人民法院可以委托本法第十九条规定的产品质量检验机构，对有关产品质量进行检验。

第五十七条　产品质量检验机构、认证机构，伪造检验结果或出具虚假证明的，责令改正，对单位处5万元以上10万元以下的罚款，对直接负责的主管人员和其他直接责任人员处1万元以上5万元以下的罚款；有违法所得的，并处没有（收）违法所得；情节严重的，取消其检验资格、认证资格；构成犯罪的，依法追究刑事责任。

产品质量检验机构、认证机构，出具的检验结果或者证明不实，造成损失的，应当承担相应的赔偿责任；造成重大损失的，撤销其检验资格、认证资格。

第六十七条　产品质量监督部门或者其他国家机关违反本法第二十五条的规定，向社会推荐生产者的产品或者以监制、监销等方式参与产品经营活动的，由其上级机关或者监察机关责令改正，消除影响，有违法收入的予以没收；情节严重的，对直接负责的主管人员和其他直接责任人员依法给予行政处分。

产品质量检验机构有前款所列违法行为的，由产品质量监督部门责令改正，消除影响，有违法收入的予以没收，可以并处违法收入一倍以下的罚款；情节严重的，撤销其质量检验资格。

五、《建设工程质量管理条例》有关条文

第二条　凡在中华人民共和国境内从事建设工程的新建、扩建、改建等有关活动及实施对建设工程质量监督管理的，必须遵守本条例。

本条例所称建设工程，是指土木工程、建筑工程、线路管道和设备安装工程及装修工程。

第三十一条　施工人员对涉及结构安全的试块、试件以及有关材料，应当在建设单位或者工程监理单位监督下现场取样，并送具有相应资质等级的质量检测单位进行检测。

第三节　公路水运工程试验检测有关规定

一、公路水运工程试验检测活动的有关规定

中华人民共和国交通部令2005年第12号《公路水运工程试验检测管理办法》第三条规定公路水运工程试验检测，是指根据国家有关法律、法规的规定，依据工程建设技术标准、规范、规程，对公路水运工程所用材料、构件、工程制品、工程实体的质量和技术指标等进行的试验检测活动。公路水运工程试验检测机构（以下简称检测机构），是指承担公路水运工程试验检测业务并对试验检测结果承担责任的机构。公路水运工程试验检测人员（以下简称检测人员），是指经考试合格，具备相应公路水运工程试验检测知识、能力，并承担相应公路水运工程试验检测业务的专业技术人员。

第六条　检测机构等级，是依据检测机构的公路水运工程试验检测水平、主要试验检测仪器设备及检测人员的配备情况、试验检测环境等基本条件对检测机构进行的能力划分。

检测机构等级，分为公路工程和水运工程专业。

公路工程专业分为综合类和专项类。公路工程综合类设甲、乙、丙3个等级。公路工程专项类分为交通工程和桥梁隧道工程。

水运工程专业分为材料类和结构类。水运工程材料类设甲、乙、丙3个等级。水运工程结构类设甲、乙2个等级。

第十九条　《等级证书》有效期为5年。

第二十三条　检测机构取得《等级证书》后，可以向原发证质监机构申请增加试验检测项目。

经评审具备拟新增加项目的试验检测水平、人员、设备配备和检测环境等条件的，质监机构应当予以增加试验检测项目，并在《等级证书》上予以注明。

第二十九条　取得《等级证书》，同时按照《中华人民共和国计量法》的要求经过计量行政部门考核合格，通过计量认证的检测机构，可向社会提供试验检测服务。

取得《等级证书》的检测机构在《等级证书》注明的项目范围内出具的试验检测报告，可以作为公路水运工程质量评定和工程验收的依据。

第三十条　公路水运工程质量事故鉴定、大型水运工程项目和高速公路项目验收的质量鉴定检测，质监机构应当委托通过计量认证并具有甲级或者相应专项能力等级的检测机构承担。

第三十一条　取得《等级证书》的检测机构，可设立工地临时试验室，承担相应公路水运工程的试验检测业务，并对其试验检测结果承担责任。

工程所在地省站应当对工地临时试验室进行监督。

第三十二条　检测机构应当严格按照现行有效的国家和行业标准、规范和规程独立开展检测工作，不受任何干扰和影响，保证试验检测数据客观、公正、准确。

第三十三条　检测机构应当建立严密、完善、运行有效的质量保证体系。应当按照有关规定对仪器设备进行正常维护，定期检定与校准。

第三十四条 检测机构应当建立样品管理制度，提倡盲样管理。

第三十五条 检测机构应当重视科技进步，及时更新试验检测仪器设备，不断提高业务水平。

第三十六条 检测机构应当建立健全档案制度，保证档案齐备，原始记录和试验检测报告内容必须清晰、完整、规范。

第三十七条 检测机构在同一公路水运工程项目标段中不得同时接受业主、监理、施工等多方的试验检测委托。

第三十八条 检测机构依据合同承担公路水运工程试验检测业务，不得转包、违规分包。

第三十九条 检测人员应当通过公路水运工程试验检测业务考试。

检测人员考试的组织、实施由质监总站统一管理。

第四十条 检测人员分为试验检测工程师和试验检测员。

检测机构的技术负责人应当由试验检测工程师担任。

试验检测报告应当由试验检测工程师审核、签发。

第四十一条 检测人员应当重视知识更新，不断提高试验检测业务水平。

第四十二条 检测人员应当严守职业道德和工作程序，独立开展检测工作，保证试验检测数据科学、客观、公正，并对试验检测结果承担法律责任。

第四十三条 检测人员不得同时受聘于两家以上检测机构，不得借工作之便推销建设材料、构配件和设备。

第四十四条 质监机构应当建立健全公路水运工程试验检测活动监督检查制度，对检测机构进行定期或不定期的监督检查，及时纠正、查处违反本规定的行为。

第四十五条 公路水运工程试验检测监督检查，主要包括下列内容：

（一）《等级证书》使用的规范性，有无转包、违规分包、超范围承揽业务和涂改、租借《等级证书》的行为；

（二）检测机构能力变化与评定的能力等级的符合性；

（三）原始记录、试验检测报告的真实性、规范性和完整性；

（四）采用的技术标准、规范和规程是否合法有效，样品的管理是否符合要求；

（五）仪器设备的运行、检定和校准情况；

（六）质量保证体系运行的有效性；

（七）检测机构和检测人员试验检测活动的规范性、合法性和真实性；

（八）依据职责应当监督检查的其他内容。

第四十七条 质监机构应当组织比对试验，验证检测机构的能力。

质监总站不定期开展全国检测机构的比对试验。各省站每年年初应当制定本行政区域检测机构年度比对试验计划，报质监总站备案，并于年末将比对试验的实施情况报质监总站。

检测机构应当予以配合，如实说明情况和提供相关资料。

第四十八条 任何单位和个人都有权向质监机构投诉或举报违法违规的试验检测行为。

质监机构的监督检查活动，应当接受交通主管部门和社会公众的监督。

第四十九条 质监机构在监督检查中发现检测机构有违反本规定行为的，应当予以警告、限期整改，情节严重的列入违规记录并予以公示，质监机构不再委托其承担检测业务。

实际能力已达不到《等级证书》能力等级的检测机构，质监机构应当给予整改期限。整改

期满仍达不到规定条件的，质监机构应当视情况注销《等级证书》或者重新评定检测机构等级。重新评定的等级低于原来评定等级的，检测机构1年内不得申报升级。被注销等级的检测机构，2年内不得再次申报。

质监机构应当及时向社会公布监督检查的结果。

第五十条　质监机构在监督检查中发现检测人员违反本办法的规定，出具虚假试验检测数据或报告的，应当给予警告，情节严重的列入违规记录并予以公示，直至注销考试合格证书。因违反本办法规定被注销考试合格证书的检测人员2年内不得再次参加考试。

第五十一条　质监机构工作人员在试验检测管理活动中，玩忽职守、徇私舞弊、滥用职权的，应当依法给予行政处分。

二、公路水运工程试验检测机构等级标准

《公路水运工程试验检测机构等级标准》对所需人员配置，试验检测环境，检测能力的基本要求和主要仪器设备都有具体标准。

1. 人员配备

公路工程试验检测所需人员配备见表1-1。

公路工程试验检测人员配备　　表1-1

项　目	综合甲级	综合乙级	综合丙级	交通工程专项	桥梁隧道工程专项
持试验检测人员证书总人数	≥32人	≥16人	≥7人	≥22人	≥25人
持试验检测工程师证书人数	≥12人	≥6人	≥3人	≥10人	≥12人
持证工程师专业配置	材料、公路专业分别≥3人，桥梁、隧道、交安专业分别≥2人	材料专业≥3人，公路专业≥2人，桥梁专业≥1人	材料、公路、桥梁专业分别≥1人	机电工程专业≥6人，安全设施专业≥4人	材料专业≥2人、桥梁、隧道专业分别≥5人
相关专业高级职称人数	≥6人	≥1人	—	≥4人	≥6人
技术负责人	**1.相关专业高级职称； 2.持试验检测工程师证书；** 3.8年以上试验检测工作经历	**1.相关专业高级职称； 2.持试验检测工程师证书；** 3.5年以上试验检测工作经历	**1.相关专业中级职称； 2.持试验检测工程师证书；** 3.5年以上试验检测工作经历	**1.相关专业高级职称； 2.持试验检测工程师证书；** 3.8年以上试验检测工作经历	**1.相关专业高级职称； 2.持试验检测工程师证书；** 3.8年以上试验检测工作经历
质量负责人	**1.相关专业高级职称； 2.持试验检测工程师证书；** 3.8年以上试验检测工作经历	**1.相关专业中级职称； 2.持试验检测工程师证书；** 3.5年以上试验检测工作经历	**1.相关专业中级职称； 2.持试验检测工程师证书；** 3.5年以上试验检测工作经历	**1.相关专业高级职称； 2.持试验检测工程师证书；** 3.8年以上试验检测工作经历	**1.相关专业高级职称； 2.持试验检测工程师证书；** 3.8年以上试验检测工作经历

注：表中黑体字为强制性要求，一项不满足视为不通过。

水运工程试验检测所需人员配备见表1-2。

水运工程试验检测人员配备 表1-2

项　目	材料甲级	材料乙级	材料丙级	结构甲级	结构乙级
持试验检测人员证书总人数	≥20人	≥8人	≥5人	≥20人	≥8人
持试验检测工程师证书人数	≥8人	≥3人	≥1人	≥8人	≥3人
持证工程师专业配置	水运材料专业≥8人	水运材料专业≥3人	水运材料专业≥1人	水运结构专业≥5,水运地基与基础专业≥3人	水运结构专业≥2,水运地基与基础专业≥1人
相关专业高级职称人数	≥4人	≥1人	—	≥4人	≥1人
技术负责人	**1.相关专业高级职称;** **2.试验检测工程师;** 3.8年以上试验检测工作经历	**1.相关专业高级职称;** **2.试验检测工程师;** 3.5年以上试验检测工作经历	**1.相关专业中级职称;** **2.试验检测工程师;** 3.5年以上试验检测工作经历	**1.相关专业高级职称;** **2.试验检测工程师;** 3.8年以上试验检测工作经历	**1.相关专业高级职称;** **2.试验检测工程师;** 3.5年以上试验检测工作经历
质量负责人	**1.相关专业高级职称;** **2.试验检测工程师;** 3.8年以上试验检测工作经历	**1.相关专业中级职称;** **2.试验检测工程师;** 3.5年以上试验检测工作经历	**1.相关专业中级职称;** **2.试验检测工程师;** 3.5年以上试验检测工作经历	**1.相关专业高级职称;** **2.试验检测工程师;** 3.8年以上试验检测工作经历	**1.相关专业中级职称;** **2.试验检测工程师;** 3.5年以上试验检测工作经历

注:表中黑体字为强制性要求,一项不满足视为不通过。

2.试验环境

公路工程试验检测所需环境见表1-3。

公路工程试验检测环境 表1-3

项　目	综合甲级	综合乙级	综合丙级	交通工程专项	桥梁隧道工程专项
试验检测用房使用面积(不含办公面积)(m^2)	≥1 000	≥600	≥300	≥600	≥800
	检测试验环境应满足所开展的检测项目要求,且布局合理、干净整洁				

注:此表为强制性要求。

水运工程试验检测所需环境见表1-4。

水运工程试验检测环境 表1-4

项　目	材料甲级	材料乙级	材料丙级	结构甲级	结构乙级
试验检测用房使用面积(不含办公面积)(m^2)	≥800	≥400	≥200	≥400	≥200
	检测试验环境应满足所开展的检测项目要求,且布局合理、干净整洁				

注:此表为强制性要求。

3. 试验检测能力和主要设备

公路专业分为综合类和专项类。综合类设甲、乙、丙 3 个等级。综合甲级所检项目为 19 项(材料、地基、路基路面、桥梁结构、交通安全设施等);乙级为 13 项(材料、地基、路基路面、结构混凝土等);丙级为 11 项(材料、路基路面、结构混凝土等)。

专项分为交通工程和桥梁隧道工程。交通工程所检项目为 19 项。桥梁隧道工程为 9 项。

水运工程分为材料类和结构类。水运工程材料类设甲、乙、丙 3 个等级。材料甲级所检项目为 16 项,材料乙级为 11 项,丙级为 6 项。

水运工程结构类设甲、乙两个等级。结构甲级所检项目为 5 项,结构乙级为 5 项。

为了保证检测机构的基本能力,强制性参数必须满足(表格中黑体);非强制性(非黑体)可根据实际情况的不同进行选配,但不能少于其总量的 80%,否则将在评审时扣分(每少一项扣 0.5 分)。

三、公路水运工程试验检测机构等级评定程序

(一)受理和初审

(1)公路水运工程试验检测机构申请公路水运工程试验检测机构等级评定,应填报《公路水运工程试验检测机构等级评定申请书》,并按《公路水运工程试验检测管理办法》(交通部令 2005 第 12 号)(以下简称《办法》)第九条规定,向省级交通质量监督机构(以下简称省质监机构)提交申请材料 1 份。

(2)省质监机构收到申请材料后,应按照《办法》第十一条要求进行认真核查,及时作出书面受理或不受理的决定。

所申请的等级属于部质监总站负责评定范围的,省质监机构应在 10 个工作日内完成核查工作。对于受理的,退回申请材料中相关材料的原件,出具核查意见,并将申请材料转报部质监总站。

(3)部质监总站或省质监机构(以下简称质监机构)对受理的申请材料应按照《办法》第十二条要求进行初审。初审发现问题需要澄清的,质监机构应当通知申请人予以澄清,并出具“公路水运工程试验检测机构等级评定申请补正通知书”;初审不合格的,质监机构应当及时书面说明理由;初审合格的进入现场评审阶段。

(4)增项申请

①增项申请应填报《公路水运工程试验检测机构等级评定申请书》中增项相关内容。

②增项申请必须以检测项目为单位,不得申请单个或多个参数的增项。

③增项原则上应是试验检测机构等级标准范围内的检测项目,特殊情况下可对试验检测机构等级标准范围外,但在现行交通行业标准、规范内规定的检测项目申请增项。

④增项数量应不超过本等级检测项目数量的 50%,增项检测项目对人员、环境等对应条件的要求应在申报材料中体现。

(5)同一检测机构申请多项等级

①同一人所持的多个专业检测资格证书,可在不同的检测等级申报中使用,但不得超过 2 次。

②除行政、技术、质量负责人外,其他持单一专业检测资格证书的人员不得重复使用。

③不同等级的专业重叠部分检测用房可共用，不重叠部分检测用房必须独立分别满足要求，以保证试验检测工作的正常开展。

④不同等级专业重叠部分的仪器设备可交叉使用，但对用量大的仪器设备应有数量规模要求，省质监机构初审时可视具体情况掌握。

（二）现场评审内容

1. 现场总体考察

现场总体考察的目的是从宏观上评价试验室总体状况，评审组可按试验检测工作流程，重点考察：

（1）试验室面积、总体布局、环境、设备管理状况等情况。

（2）可能存在的薄弱环节。

（3）对环境、安全防护等有特殊要求的项目。

2. 分组专项考核

按现场评审计划分工，评审组成员分别进行专项考核，分档案材料组、硬件环境组和技术考核组。

1）档案材料组

通过对档案和内业资料的查阅考核申请人的业绩、检测能力、管理的规范性和人员资格等情况。内容包括：

（1）查验试验检测人员的职称证书、检测资格证书是否真实有效，检查技术负责人和质量负责人的资格以及试验检测人员的专业配置是否满足要求，试验检测报告的审核、签发人是否具备试验检测工程师资格。

（2）检测机构是否为所有持证试验检测人员签订劳动合同且办理三险。

（3）所有强制性试验检测项目的原始记录和试验检测报告或模拟检测报告是否齐全，抽查不少于10%的强制性项目和5%的非强制性项目检测报告的正确性、科学性、规范性。对于有模拟报告而无业绩的项目，检测机构应提交比对试验报告，或由现场评审专家组织比对试验进行确认。

（4）试验检测项目适用的标准、规范和规程是否齐全且现行有效。

（5）质量保证体系文件是否齐全、合理、运转有效。

（6）收样、留样和盲样运转记录是否齐全、合理。

评审组需填写完成《检测机构试验检测人员审查表》、《检测机构检测报告核查缺陷表》。

2）硬件环境组

通过现场符合性检查，考核检测机构实际状况是否与所申请材料的内容一致，是否满足等级标准的要求。检查的主要内容：

（1）试验检测场地的面积是否满足要求，检查被评审检测机构用房的产权，若是租赁，租赁合同是否长期有效（租期≥5年为长期）。

（2）逐项核查仪器设备的数量和运行使用状况，与申请材料是否符合。强制性设备不得缺少；非强制性设备配置率应不低于80%，低于此比例的按每缺1台（套）扣0.5分。

（3）仪器设备管理状况，逐一核查仪器设备的使用记录、维修记录、检定/校准证书。重点核查有疑问仪器设备的购货凭证（购货发票和合同原件）。所有仪器设备必须具有所有权，不

得租赁。

(4)试验检测场所是否便于集中有效管理;试验环境是否满足要求。

(5)样品的管理条件是否符合要求。

评审组需填写完成《试验检测仪器设备现场检查表》。

3)技术考核组

通过现场操作考核,检查检测人员能否规范、完整、熟练地完成试验检测项目,从而评定申请人所具有的实际试验检测能力。

现场操作考核工作要点:

(1)提问考核技术负责人和质量负责人的业务和质量管理的相关知识。

(2)检查操作人员的检测证书,确定是否为所申报的人员,避免替换。

(3)观察检测人员的实际操作过程,是否完整、规范、熟练。

(4)通过提问或问卷,随机抽查试验检测人员相关试验检测知识。

(5)审查提交的现场操作项目报告的规范性、完整性。选2份作为《现场评审报告》附件。其余封存,留检测机构备查。

(6)对涉及结构安全的检测项目,如基桩等应对所有操作人员加强现场操作考核,并在证书上确认。

评审组需填写完成《现场考核技术人员评价记录表》、《现场考核试验情况记录表》。

(三)等级评定

质监机构依据《办法》及《现场评审报告》召开专题会议,对申请人进行公路水运工程试验检测机构等级评定。并将评定结果予以公示。公示期为7个工作日。

(1)对于评定通过,且公示期间无异议或经核实异议不成立的试验检测机构,质监机构发出"公路水运工程试验检测机构等级评定决定书",并核发《等级证书》及"公路水运试验检测机构"专用标识用章。

(2)对于公示期间有异议、且经核实异议成立的,应当书面通知申请人。并视情节轻重,作出相应处理。

(3)对于需要整改后复核的试验检测机构,质监机构发出"公路水运工程试验检测机构等级评定整改通知书"。

(4)对于评定不通过的试验检测机构,质监机构发出"公路水运工程试验检测机构等级评定不予通过决定书"。

(5)对于甲级或专项增项通过的试验检测机构,质监总站向省质监机构发出"试验检测项目评定决定书"。

(6)为提高公路、水运等级检测机构出具试验检测报告的权威性,增强检测机构责任意识,所有等级试验检测机构,在其业务范围内出具的试验检测报告,应在报告封面加盖"公路水运试验检测机构"专用标识。

(四)换证复核

依据《公路水运工程试验检测机构换证复核细则(试行)》,有关条文摘录如下:

第一条　为做好公路水运工程试验检测机构换证复核工作,根据《公路水运工程试验检测机构管理办法》(交通部令2005年第12号)和《公路水运工程试验检测机构等级标准》及

《公路水运试验检测机构等级评定程序》，制定本细则。

第二条 试验检测机构换证复核是指试验检测等级证书有效期满，根据试验检测机构申请，由原发证机构对其与所持有证书等级标准的符合程度、业绩及信用情况以及是否持续具有相应试验检测等级能力的核查。

第三条 交通运输部工程质量监督局（以下简称部质监局）负责公路工程综合类甲级、专项类和水运工程材料类、结构类甲级的换证复核工作以及属于部质监局评定的试验检测项目增项复核工作。

省级质监机构负责本行政区域内公路工程综合类乙、丙级和水运工程材料类乙、丙级、水运工程结构类乙级的换证复核工作。

第四条 申请换证复核的试验检测机构应将机构、人员等信息录入部质监局试验检测管理信息系统，并能及时维护和更新信息。

第五条 试验检测机构应在等级证书有效期满前提前3个月向原发证机构提出换证复核申请。属于部质监局复核范围的，省级质监机构出具核查意见并转送部质监局。

第六条 申请换证复核的试验检测机构应符合下列基本条件：

(1)试验检测人员、设备、环境满足相应等级标准要求（换证复核以最新公布的等级标准为准）；

(2)上年度信用等级为B级及以上且等级证书有效期内信用等级为C级次数不超过1次；

(3)等级证书有效期内所开展的试验检测参数应覆盖批准的所有试验检测项目且不少于批准参数的70%；

(4)甲级及专项类检测机构每年应有不少于一项高速公路或大型水运工程现场检测项目或设立工地试验室业绩，其他等级检测机构每年应有不少于一项公路水运工程现场检测项目或设立工地试验室业绩。

第七条 申请换证复核的机构应提交以下申请材料：

(1)《公路水运工程试验检测机构等级复核申请书》；

(2)申请人法人证书、试验检测等级证书正副本复印件，通过计量认证的，同时提交计量认证证书及附表复印件；

(3)试验检测机构用房平面布置图及用房证明；

(4)试验检测人员、设备、环境变动情况一览表；

(5)试验检测业绩一览表及证明材料；

(6)试验检测人员培训记录一览表；

(7)参加能力验证和比对试验记录一览表；

(8)受表彰和处罚（包括通报批评）情况一览表。

第八条 换证复核书面审查通过后，质监机构应组织专家进行现场核查，质监机构可派员对现场核查过程监督。换证复核程序和工作用表参照等级评定程序，可以适当简化。

现场核查的重点是检测机构基本条件的实际符合程度；质量管理体系运行和试验检测工作开展情况；对标准规范有实质性变化、涉及结构安全及耐久性和有效期内未开展的试验检测项目（参数）进行能力确认，对换证复核中新增加的试验检测项目（参数）和有效期内技术、质量负责人有变更的进行现场考核。

第九条 依据现场核查情况，专家组填写《公路水运工程试验检测机构现场核查评分表》及现场工作用表，根据核查得分，出具核查意见。

核查得分≥85 分，复核结果为合格；核查得分 <85 分，复核结果为不合格。

现场核查过程中发现的相关问题，将同时记入该机构当年信用评价。

第十条 属于部质监局评定的增项复核以书面审查为主。有增项的试验检测机构在等级证书有效期满，提交换证复核申请时，同时提交增项复核申请，增项部分由省级质监机构初审合格后报部质监局。

第十一条 换证复核合格的，予以换发新的《等级证书》，证书有效期为五年。不合格的，质监机构应当责令其在 6 个月内进行整改，整改期内不得承担质量评定和工程验收的试验检测业务。整改期满仍不能达到规定条件的，质监机构可根据实际达到的试验检测能力条件重新作出评定，或者注销《等级证书》。

换证复核结果应当向社会公布。

第十二条 试验检测机构未按规定期限申请换证核查的，其等级证书到期失效。换证复核时被注销等级证书、被降低等级的试验检测机构，其原等级证书失效。

四、试验检测人员机构信用评价相关规定

依据《关于印发公路水运工程试验检测信用评价办法（试行）的通知》（交质监发[2009]318 号），有关条文摘录如下：

第六条 试验检测机构的信用评价实行综合评分制。试验检测机构设立的工地试验室及单独签订合同承担的工程质量鉴定、验收、评定（检验）及监测等现场试验检测项目（以下简称现场检测项目）的信用评价，作为其信用评价的组成部分。

综合评分的具体扣分标准见《公路水运工程试验检测机构信用评价标准》和《公路水运工程工地试验室及现场检测项目信用评价标准》。

第七条 试验检测机构、工地试验室及现场检测项目的信用评价基准分为 100 分。按附件 4 的公式计算。

第八条 试验检测机构信用评价分为 AA、A、B、C、D 五个等级，评分对应的信用等级分别为：

AA 级：信用评分 > 95 分，信用好；

A 级：85 <信用评分≤ 95 分，信用较好；

B 级：70 <信用评分≤ 85 分，信用一般；

C 级：60 <信用评分≤ 70 分，信用较差；

D 级：信用评分≤ 60 分，信用很差。

被评为 D 级的试验检测机构直接列入黑名单，并按 12 号令予以处罚。

第十一条 试验检测人员信用评价实行随机检查累计扣分制，工地试验室授权负责人实行定期检查累计扣分制，评价标准见《公路水运工程试验检测人员信用评价标准》。

信用评价扣分依据为项目业主掌握的不良信用信息，质监机构监督检查中发现的违规行为、投诉举报查实的违规行为、交通运输主管部门通报中的违规行为等。

第十二条 评价周期内累计扣分分值大于等于 20 分，小于 40 分的试验检测人员信用等

级为信用较差；扣分分值大于等于40分的试验检测人员信用等级为信用很差。

连续2年信用等级被评为信用较差的试验检测人员，其信用等级直接降为信用很差。

被确定为信用很差或伪造证书上岗的试验检测人员列入黑名单，并按12号令予以处罚。

第十三条 在评价周期内，试验检测人员在不同项目和不同工作阶段发生的违规行为实行累计扣分。一个具体行为涉及两项以上违规行为的，以扣分标准高者为准。

五、工地试验室管理相关规定

（1）施工单位、监理单位应根据工程质量安全管理需要或合同约定，在工程现场可自行设立工地试验室，也可委托第三方试验检测机构设立工地试验室，设立工地试验室的母体均应具有相应的《公路水运试验检测机构等级证书》（以下简称等级证书）。

建设单位也可通过招标等方式直接委托具有等级证书和《计量认证证书》（以下简称计量证书）的第三方试验检测机构设立工地试验室，承担工程建设项目监理的全部或部分试验检测工作。

任何单位不得干预工地试验室独立、客观地开展试验检测活动。

（2）设立工地试验室的母体试验检测机构，应当在其等级证书核定的业务范围内，根据工程现场管理需要或合同约定，对工地试验室进行授权。授权内容包括工地试验室可开展的试验检测项目及参数、授权负责人、授权工地试验室的公章、授权期限等。“公路水运工程工地试验室设立授权书”应加盖母体试验检测机构公章及等级专用标识章。

（3）工地试验室设立实行登记备案制。经试验检测机构授权设立的工地试验室，应当填写“公路水运工程工地试验室备案登记表”，经建设单位初审后报送项目质监机构登记备案，质监机构对通过备案的工地试验室出具“公路水运工程工地试验室备案通知书”。

工地试验室被授权的试验检测项目及参数或试验检测持证人员进行变更的，应当由母体试验检测机构报经建设单位同意后，向项目质监机构备案。

（4）母体试验检测机构应加强对授权工地试验室的管理和指导，根据工程现场管理需要或合同约定，合理配备工地试验室试验检测人员和仪器设备，并对工地试验室试验检测结果的真实性和准确性负责。

（5）工地试验室应按照母体试验检测机构质量管理体系的要求，建立完整的试验检测人员档案、仪器设备管理档案和试验检测业务档案，严格按照试验检测规程操作，并做到试验检测台账、仪器设备使用记录、试验检测原始记录、试验检测报告相互对应。试验检测报告签字人必须是持证的试验检测人员。

工地试验室试验检测环境（包括所设立的养护室、样品室、留样室等）应满足试验检测规程要求和试验检测工作需要。

鼓励工地试验室推行标准化、信息化管理。

（6）工地试验室应在母体试验检测机构授权的范围内，为工程建设项目提供试验检测服务，不得对外承揽试验检测业务。

工地试验室出具的试验检测报告应加盖工地试验室印章，印章包含的基本信息有：母体试验检测机构名称＋建设项目标段名称＋工地试验室。

（7）工地试验室实行授权负责人责任制。工地试验室授权负责人对工地试验室运行管理

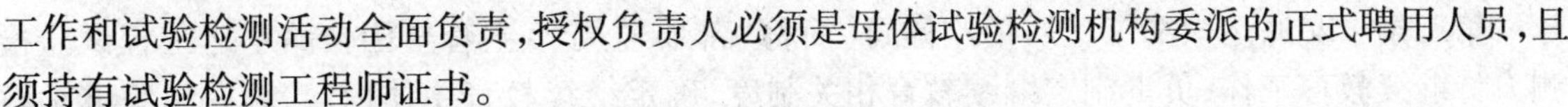

工作和试验检测活动全面负责,授权负责人必须是母体试验检测机构委派的正式聘用人员,且须持有试验检测工程师证书。

六、公路水运试验检测人员考试管理相关规定

(1)公路水运工程试验检测人员资格(以下简称检测人员)分为公路工程和水运工程2个专业,设试验检测工程师(以下简称检测工程师)和试验检测员(以下简称检测员)2个等级。

(2)公路工程水运工程检测师考试科目为公共基础和专业科目,检测员仅设置专业科目。

检测师应当通过公共基础科目和至少一门专业科目的考试,检测员应当至少通过一门专业科目的考试。考试成绩当年当次考试有效。

每个考生可报考多个专业。

(3)申请试验检测考试的人员(简称"考生"),应当符合下列基本条件:

①遵纪守法,遵守试验检测工作职业道德;

②身体健康,能胜任试验检测工作;

③申请检测员的考生应具有高中或中专以上文化程度且具有2年以上所申请专业的工程技术工作经历,或大学专科及以上学历;

④申请检测工程师的考生应满足下列工程专业学历要求并具有所申请专业的工程技术工作经历。

a. 获博士学位当年;

b. 获硕士学位后从事工程专业技术工作满2年;

c. 大学本科毕业后,从事工程专业技术工作满5年;

d. 大学专科毕业后,从事工程专业技术工作满7年;

e. 工作后取得大学本科学历,从事工程专业技术工作满6年;

f. 工作后取得大学专科学历,从事工程专业技术工作满8年;

g. 中专毕业后,从事工程技术工作满12年。

(4)考试违规处理:

①考试作弊者取消当场考试成绩及后续考试资格,当年内不得再次报考;

②替考、扰乱考场秩序、提供假资料者取消本次考试资格,2年内不得再次报考;

③对已取得试验检测人员证书的人员,经查实有弄虚作假骗取考试资格、违规替考等违反考试纪律的人员取消其证书资格,并在2年内不得再次报考

七、公路水运试验检测人员继续教育的有关要求

依据《公路水运工程试验检测人员继续教育办法》(试行),相关条文摘录如下:

第二条 本办法所称试验检测人员是指取得公路水运工程试验检测工程师和试验检测员证书的从业人员。本办法所称继续教育是指为持续提高试验检测人员的专业技术和理论水平,在规定期限内完成的教育。

第三条 接受继续教育是试验检测人员的义务和权利。试验检测人员应按照本办法规定参加继续教育。试验检测机构应督促本单位试验检测人员按要求参加继续教育,并保证试验检测人员参加继续教育的时间,提供必要的学习条件。

第五条 交通运输部工程质量监督局（简称"部质监局"）主管全国公路水运工程试验检测人员继续教育工作，负责制定继续教育相关制度，确定继续教育主体内容，统一组织继续教育师资培训，监督、指导各省开展继续教育工作。交通运输职业资格中心配合部质监局开展相关具体工作。

第六条 各省级交通运输主管部门质量监督机构（简称"省级质监机构"）负责本省范围内试验检测人员继续教育工作，负责制订本行政区域继续教育相关制度和年度计划，结合实际确定继续教育补充内容，组织、协调本省继续教育工作。

第七条 省级质监机构可委托相关机构（以下称"继续教育机构"）具体组织实施试验检测人员继续教育事宜，并按要求将委托的继续教育机构情况报部质监局备案。

第八条 省级质监机构应选择具备以下条件的继续教育机构进行委托：

（一）具有较丰富的公路、水运工程试验检测和工程经验，能够独立按照教学计划和有关规定开展继续教育相关工作；

（二）具有独立法人资格，具备完善的教学、师资等组织管理及评价体系；

（三）有不少于10名师资人员；

（四）有教学场所、实操场所（如租用场所应至少有三年以上的协议）；

（五）收支管理规范，有收费许可证、税务登记证；能够按照相关规定核算有关费用，合理确定收费项目和收费标准；

（六）师资人员一般应具备以下条件：

1.具有较高的政治、业务素质，较强的政策能力，在专业技术领域内有较高的理论水平和较丰富的工程经验；

2.具有相关专业高级技术职称；

3.通过部质监局组织的师资培训。

第九条 省级质监机构应建立委托的继续教育机构和师资人员的数据库，根据本省需求情况，动态、合理地控制委托的继续教育机构的数量和师资规模。委托的继续教育机构和师资人员名单应向社会公布。

第十条 省级质监机构应根据部质监局确定的继续教育主体内容，结合实际制定并公布本省继续教育计划和内容，指导试验检测机构合理、有序地组织试验检测人员参加继续教育。

第十一条 公路水运工程试验检测继续教育采取集中面授方式，逐步推行网络教学和远程教育。

第十二条 受委托的继续教育机构应根据继续教育计划和内容，按照确定的科目和课程编制教学计划、组织教学，并采取措施加强管理，保证教学质量。

第十三条 继续教育的授课内容应突出实用性、先进性、科学性，侧重试验检测工作实际需要，注重与实际操作技能相结合，一般应包括：

（一）与试验检测工作有关的法律法规、标准、规范、规程；

（二）试验检测人员职业道德教育；

（三）试验检测业务的新理论、新方法；

（四）试验检测新技术、新设备；

（五）试验检测案例分析；

（六）实际操作技能；

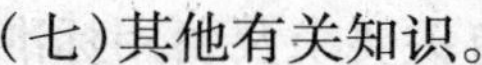

（七）其他有关知识。

第十四条 试验检测人员可就近参加省级质监机构组织的继续教育，有关情况经相应省级质监机构确认后在管理系统中予以记载。

第十五条 公路水运工程试验检测继续教育周期为2年（从取得证书的次年起计算）。试验检测人员在每个周期内接受继续教育的时间累计不应少于24学时。

第十六条 试验检测人员在其资格证件有效期内，未按规定完成继续教育的，应当补充完成继续教育后办理审验手续（审验办法另行制定）。

第十八条 省级质监机构应当加强对试验检测人员参加继续教育情况的检查，督促试验检测机构和试验检测人员参加继续教育。

第十九条 省级质监机构应采取措施对师资水平、授课效果、课程内容和组织管理等进行综合评估，适时调整委托的继续教育机构及师资，不断提高教学质量，完善继续教育管理工作。

第二十条 受委托的继续教育机构应当加强档案管理，将继续教育计划、继续教育师资情况、参培学员登记表、学员学习情况及结果等纳入档案管理，并接受省级质监机构的监督检查。

第二十一条 受委托的继续教育机构违反本办法规定，有下列情形之一的，不予确认其所开展的有关工作或取消对其继续教育的委托：

（一）未经委托擅自从事继续教育或者提供虚假继续教育资料的；

（二）未按照继续教育计划和内容要求组织相应继续教育的；

（三）发布继续教育虚假信息的。

第二十二条 试验检测人员在继续教育过程中有弄虚作假、冒名顶替等行为的，取消其本周期内已取得的继续教育记录，并纳入诚信记录。

第二十三条 质监机构工作人员在继续教育管理工作中有徇私舞弊、弄虚作假等情形的，依法给予行政处分；构成犯罪的，依法追究刑事责任。

八、工地试验室标准化建设要点的通知的有关要求

（一）指导思想

以科学发展观为指导，大力推行现代工程管理，推进工地试验室管理标准化、规范化和精细化建设，不断提高试验检测数据的准确性和客观性，有效发挥试验检测在控制工程质量和指导工程建设中的重要作用，进一步促进工程管理水平的提升。

（二）范围及内容

工地试验室标准化建设以高速公路新建、改扩建项目为主，其他项目可参照执行，具体内容见《工地试验室标准化建设要点》。

（三）有关要求

（1）工地试验室标准化建设是促进工程建设项目管理水平进一步提升的重要举措，其核心是质量管理精细化、检测工作规范化、硬件建设标准化和数据报告信息化。各级交通运输主管部门、质监机构及项目参建单位要正确理解工地试验室标准化建设内涵，坚持因地制宜、量力而行、务求实效的工作原则，将提高工地试验检测数据的准确性、客观性和科学性作为工地试验室标准化建设的重中之重抓实抓好。

（2）项目建设单位应根据工程特点，将工地试验室标准化建设有关要求及费用标准等纳入招标文件，保证工地试验室标准化建设有序开展。各参建单位应将工地试验室标准化建设纳入日常管理，采取有效措施营造有利于工地试验室独立规范运行的外部环境。

（3）母体检测机构应加强对工地试验室标准化建设的管理和指导，按照合同要求为工地试验室配齐人员、配足设备、选好场地。母体检测机构应加强内部监督检查，切实敦促工地试验室将标准化建设的各项要求落实到具体试验检测工作中。

（4）工地试验室授权负责人应按照工地试验室管理和标准化建设的有关要求，对工地试验室运行和试验检测活动负起责任，切实履行好配置试验室资源、建立质量保证体系、完善管理制度、监督制度执行等各项职责，确保工地试验室人员、设备、环境等满足工地试验检测工作需要，使相关试验检测工作有效开展。

（5）各级交通运输主管部门、质监机构要结合本地区实际，按照标准化建设的总体部署，进一步细化工地试验室标准化建设的各项内容和要求，制定实施方案，明确相关标准、细化工作职责，做到有要求、有落实、有反馈、有总结，推动工地试验室标准化建设工作全面开展。

九、进一步加强和规范公路水运工程试验检测工作的若干意见的有关要求

《公路水运工程试验检测管理办法》（交通部令 2005 年第 12 号）颁布实施以来，各级交通运输主管部门、质监机构、各参建单位对试验检测数据重要性的认识普遍提高，试验检测工作对公路水运工程质量安全的基础保障作用日益突显，试验检测管理制度不断完善，试验检测机构和人员的专业技术水平不断提高，市场规模已基本满足当前交通建设需求。为进一步提高试验检测行业科学化管理水平，切实发挥好试验检测在质量安全监管中的基础性、关键性作用，现就进一步加强和规范公路水运工程试验检测工作提出如下意见：

（一）优化试验检测工作环境

（1）试验检测是公路水运工程质量安全管理的重要手段，真实、准确、客观、公正的试验检测数据是控制和评判工程质量、保障工程施工安全和运营安全的重要依据和基本前提。各级交通运输主管部门、质监机构要高度重视试验检测在工程建设质量安全监管工作中的重要性，切实加强组织领导、强化政策研究、做好统筹规划，为试验检测工作创造有利条件。

（2）各级交通运输主管部门、质监机构要加强调研，科学核算本地区试验检测工作成本，制定地区指导价格，引导试验检测工作合理、有效投入。各建设项目在工程概预算编制阶段，要落实试验检测费用渠道；各参建单位在工程实施过程中不得挤占挪用试验检测费用，为保证试验检测工作正常开展提供基本条件。

（3）要切实发挥母体检测机构对保证工地试验室工作质量的基础作用，将试验检测行业管理要求有效延伸至工程一线，着力解决工地试验室人员结构不稳定、责任感不强、短期行为等问题。项目建设、施工、监理等有关参建单位不得利用行政隶属关系、费用拨付手段等干预试验检测工作的正常开展，不得授意更改试验检测数据，努力营造有利于工地试验室独立、规范运行的工作环境。

（4）要牢固树立现代工程管理理念，有效利用试验检测技术手段，加强工程项目建设过程中质量安全风险的预防、预控、预判、预警工作。质监机构、建设单位可委托实力强、信用好的独立试验检测机构，对涉及结构安全的关键部位进行动态监控量测。

（二）加强试验检测行业监管

（1）要将试验检测行业管理的重心从市场培育转移到规范和培育并重、更加注重规范上来，按照“调控规模、提升素质、进退有序”的原则，制订试验检测发展规划，切实控制好市场发展节奏和规模，避免因机构数量过多造成恶性竞争的不良后果。

自本文发布之日起用1至2年时间，整顿规范试验检测市场、提升行业整体素质。在此期间，停止受理所有等级试验检测机构和增项的评定申请。努力构建布局合理、竞争有序、运行高效、诚信守法的试验检测市场新格局。

（2）各省级质监机构要切实履行对甲级和专项类试验检测机构等级评定及换证复核的初审职责，禁止将达不到标准条件的机构上报；对本地区的乙丙级机构，要切实加强动态管理，制订评审和换证复核计划。在乙级机构申报和换证复核的现场评审中，至少应从部专家库中抽取1名专家参加。

（3）要采取随机抽查、飞行检查、专项检查等有效方式，加大检测机构证书有效期内的中间检查力度，及时查处和纠正试验检测工作中存在的违规和不规范行为，保证检测机构实际运行状况与相应等级标准要求相符合。对于经整改仍不满足标准要求的机构，要降低机构等级或注销其等级证书。

（4）整顿规范市场秩序，加大对违法违规行为的查处力度。要严厉打击出借资质、转包和违法分包行为；严厉打击试验检测机构恶意压价、施工和监理单位有意压低试验检测相关费用，签订阴阳合同、假合同等违规违法行为；严厉打击试验检测数据造假以及在考试、证书管理等环节的弄虚作假行为。上述行为涉及的检测机构和人员，要坚决清退出试验检测市场，形成有进有出的市场动态运行机制。

（5）要不断完善信用评价指标设置的科学性，充分发挥试验检测信用管理在提高工作质量、规范从业行为、调控市场规模等方面的重要作用；完善信用评价结果与市场竞争、市场准入等工作的有效衔接机制。要将信用评价融入质量监督、安全监管、专项督查等日常工作中，及时对失信行为进行确认并录入评价管理系统。

（三）提升试验检测能力水平

（1）各省级质监机构要结合工程建设特点和行业管理需要，经常组织能力验证、技能竞赛、技术比武等活动，促进能力验证等活动常态化、扁平化，不断扩大参与活动的机构、人员和检测参数范围。鼓励检测机构内部或机构之间开展形式多样的比对、岗位练兵活动，尤其对于涉及结构安全、日常开展业务较少的试验检测项目和参数，要加强实操演练，确保机构和人员持续保持相应试验检测能力。对于在部组织的比对试验中连续2年出现"不满意"结果的检测机构，要降低机构等级。

（2）各省级质监机构要按照公路水运工程试验检测人员继续教育有关要求，结合本地区工程特点，作好试验检测继续教育的组织工作，推进网络教学有序开展。各建设项目、检测机构应根据自身特点，广泛开展内部技术培训与交流活动，将继续教育、业务学习融入日常工作中，不断提高试验检测人员的职业道德水平和专业技术能力，努力建设人员专业化、行为规范化、管理科学化的试验检测队伍。

（3）要高度重视试验检测工作质量与仪器设备状况的密切相关性，切实加强仪器设备计量管理，尤其对于自动化、智能化仪器设备，要按照有关规定保证其检定、校准工作有效，及时纠正出现的异常状态，确保试验检测数据准确可靠。

(4)要按照高速公路施工标准化活动的总体部署和《公路试验检测数据报告编制导则》(JT/T 828—2012)、工地试验室标准化建设的有关要求，规范数据记录和报告管理，大力推进试验检测工作标准化、信息化建设。鼓励采用具有自动采集和监控系统的智能检测设备和手段，提高试验检测数据报告的客观性和规范性，提升工程管理水平。

复习思考题

一、单选题

1. 我国的计量认证工作的法律依据是(　)。

A.《产品质量法》　　B.《标准化法》

C.《计量法》　　D.《实验室资质认定评审准则》

2. “向社会出具具有证明作用的数据和结果的检查机构、实验室，必须经依法认定。”是(　)中的规定。

A.《计量法》　　B.《计量法实施细则》

C.《标准化法》　　D.《认证认可条例》

3. “已经取得计量认证合格证书的产品质量检验机构，需新增检验项目时，应按照有关规定，申请单项计量认证。”是(　)中对“扩项”的规定。

A.《产品质量法》　　B.《计量法》

C.《标准化法》　　D.《计量法实施细则》

4. “县级以上政府标准化行政主管部门，可以根据需要设置检验机构，或者授权其他单位的检验机构，对产品是否符合标准进行检验。”是(　)中对质检机构的设立和授权的规定。

A.《计量法》　　B.《标准化法》

C.《产品质量法》　　D.《认证认可条例》

5. 2000 年 7 月 8 日经第九届人民代表大会常务委员会修改后的《中华人民共和国产品质量法》中第十九条规定，产品质量检验机构必须具备相应的检测条件和能力，经(　)以上人民政府产品质量监督部门或者授权的部门考核合格后，方可承担产品质量检验工作。

A. 国家级　　B. 省级　　C. 地市级　　D. 县级

6. (　)将计量认证和审查认可统一称为资质认定，并且明确了资质认定的范围、工作程序、证书格式和证书期限，明确了国家认监委和地方质检部门的职责定位和定期向社会公布资质认定结果等重大行政事项，是计量认证和审查认可工作的一个历史性新的台阶。

A.《认证认可条例》　　B.《实验室和检查机构资质认定管理办法》

C.《实验室资质认定评审准则》　　D.《计量法》和《标准化法》

7. 公路工程分为综合类和(　)类。

A. 专业性　　B. 单项　　C. 特殊　　D. 专项

8. 公路工程试验检测人员配备时，对于综合类乙级，持试验检测人员证书总人数应≥(　)。

A. 7 人　　B. 16 人　　C. 22 人　　D. 28 人

9. 公路工程试验检测人员配备时，对于综合乙级，持试验检测工程师证书人数应≥(　)。

A. 3 人　　B. 6 人　　C. 12 人　　D. 15 人

10. 公路工程试验检测机构被评为丙级、乙级后须满(　)且具有相应的试验检测业绩方可申报上一等级的评定。

A. 半年　　B. 1 年　　C. 1 年半　　D. 2 年

11. 公路水运工程试验检测机构等级评定工作分为(　)阶段。

A. 2　　B. 3　　C. 4　　D. 不确定

12. 试验检测《等级证书》期满后拟继续开展公路水运工程试验检测业务的，检测机构应提前(　)个月向原发证机构提出换证申请。

A. 6　　B. 5　　C. 4　　D. 3

13. 未取得(　)的，不得开展产品质量检验工作。

A. 合法证书　　B. 计量认证合格证书

C. 产品合格证书　　D. 计量合格证书

14. 根据《中华人民共和国计量法实施细则》，为社会提供公正数据的产品质量检测机构，必须经(　)以上人民政府计量行政部门计量认证。

A. 区级　　B. 市级　　C. 省级　　D. 地方级

15. 下列(　)属于《实验室和检查机构资质认定管理办法》规定的资质认定形式。

A. 审查认可　　B. 等级评定

C. 国家实验室认可　　D. 能力验证

16. 推荐性标准在一定条件下也可能转化为(　)。

A. 企业标准　　B. 地方标准

C. 强制性标准　　D. 国家标准

17.《建设工程质量管理条例》规定对涉及结构安全的试件施工单位应在(　)监督下现场取样，并送具有相应资质等级的质量检测单位进行检测。

A. 设计单位　　B. 建设单位

C. 监督机构　　D. 商机部门

18. 对计量认证考核合格的机构应由省级以上人民政府计量行政部门审查批准，颁发(　)，并同意其使用统一的计量认证标志。

A. 甲级资质等级证书　　B. 资质认定合格证书

C. 评审合格通告书　　D. 产品合格书

19.《公路水运工程试验检测机构等级证书》有效期为(　)年。

A. 3　　B. 4　　C. 5　　D. 6

20. 推荐性国家标准的代号是(　)。

A. GB/J　　B. GB/Q　　C. GB/T　　D. GB

21.《硅酸盐水泥、普通硅酸盐水泥》(GB 175—1999)中的 175 是(　)。

A. 代号　　B. 顺序号　　C. 等级号　　D. 页码号

22. 国家标准编号为 GB/T 50 * * * * 的 T 表示(　)。

A. 替代　　B. 特别　　C. 推荐　　D. 通用

23. 交通行业试验检测机构等级编号为交 SJC 甲 B * * *，说明该机构已取得(　)。

A. 水运结构甲级　　B. 公路工程综合甲级
C. 水运材料甲级　　D. 交通工程专项

24. 工地实验室授权负责人信用等级被评为(　)级的，2 年内不能担任工地实验室授权负责人。
A. 良好　　B. 一般　　C. 很差　　D. 较差

25.《水运工程土工织物应用技术规程》(JTJ/T 239)是(　)。
A. 国家标准　　B. 国家强制性标准
C. 行业标准　　D. 地方标准

26. 公路水运工程试验检测机构的甲级等级由(　)负责等级评定工作。
A. 市站　　B. 省站
C. 交通运输部工程质监监督局　　D. 国务院

27. 标准化应贯彻于(　)。
A. 设计和开发阶段　　B. 制造阶段
C. 整个实现过程　　D. 持续改进阶段

二、判断题

1. 为社会提供公证数据的产品质量检验机构，未取得计量认证合格证书的，不得开展产品质量检验工作。(　)

2. 产品质量检验机构的量值不一定要溯源到国家计量基准。(　)

3. 产品质量监督部门或者产品质量检验机构可以向社会推荐生产者的产品。(　)

4. 仲裁机构或者人民法院可以委托《产品质量法》第十九条规定的产品质量检验机构，对有关产品的质量进行检验。(　)

5. 产品质量检验机构，出具的检验结果或者证明不实，造成损失的，应当承担相应的赔偿责任；造成重大损失的，撤销其检验资格。(　)

6. 交通运输部工程质量监督局负责公路工程综合类甲级、乙级，公路工程专项类及水运工程材料类及结构类甲级、乙级的等级评定工作。(　)

7. 省工程质量监督局负责公路工程综合类丙级和水运工程材料类丙级的等级评定工作。(　)

8. 取得《等级证书》，同时按照《计量法》的要求经过计量行政部门考核合格，通过计量认证的公路工程试验检测机构，可向社会提供试验检测服务。(　)

9. 检测机构在同一公路水运工程项目中可以同时接受业主、监理、施工等多方的试验检测委托。(　)

10. 检测人员可以同时受聘于两家以上检测机构。(　)

11. 自然人，即公民，和法人相对。(　)

12. 企业生产的产品没有国家标准、行业标准和地方标准的，应当制定企业标准，作为组织生产的依据。(　)

13. 凡为社会提供公正数据的产品质量检验机构，必须按《产品质量检测机构计量认证管理办法》进行认证。(　)

14. 检测机构可以不建立检测结果不合格项目台账。 ( )

15. 公路水运工程检测机构可同时申请不同专业、不同类别的等级。 ( )

16. 法律规范简称法规，是由国家机关制定或认可并由国家强制力保证实施的具体行为规范。 ( )

17. 强制性标准，必须执行；推荐性标准，企业自愿采用。 ( )

18. 依据《实验室资质认定评审准则》要求，当实验室业务量较大无法完成时，可分包给符合要求的检测机构。 ( )

19. 检测机构应当建立档案管理制度。检测合同、委托单、原始记录、检测报告应按年度统一编号，编号应当连续，不得随意抽撤、涂改。 ( )

20. 公路水运工程质量事故鉴定、大型水运工程项目和高速公路项目验收的质量鉴定检测，质监机构应当委托通过计量认证并具有乙级以上或者相应专项能力等级的检测机构承担。 ( )

21. 通过计量认证的检测机构出具的检测报告经检测人员签字、检测机构法定代表人或者其授权的签字人签署即可生效。 ( )

22. 制定《公路水运工程试验检测办法》的目的是为规范公路水运工程试验检测活动，保证公路水运工程质量及人民生命和财产安全。 ( )

23. 试验检测人员在检测机构工作期间被评为信用很差与检测机构无关，检测机构不承担相应责任。 ( )

24. 取得《等级证书》的检测机构，在业务较多时，可将检测业务转包有《资质证书》的单位。 ( )

25. 检测人员不得借工作之便推销建设材料、构配件和设备。 ( )

26. 凡为社会提供公证数据的产品质量检验机构，必须按《实验室资质认定评审准则》进行资质认定。 ( )

27. 任何单位和个人不得明示或者暗示检测机构出具虚假检测报告，不得篡改或者伪造检测报告。 ( )

28. 公路水运工程试验检测机构现场等级评审时，对于有模拟报告而无业绩的项目，检测机构应提交比对试验报告，或在现场由评审专家组织比对试验。 ( )

三、多选题

1. 计量认证的法律依据有( )。

A.《计量法》 B.《计量法实施细则》

C.《认证认可条例》 D.《实验室和检查机构资质认定管理办法》

E.《标准化法》

2. 审查认可(验收)的法律依据有( )。

A.《计量法》 B.《产品质量法》

C.《标准化法》 D.《标准化法实施条例》

E.《认证认可条例》

3.《计量法实施细则》规定的产品质量检验机构计量认证的内容有(　)。

A. 是否具有稳定的检验业务

B. 计量检定、测试设备的性质

C. 计量检定、测试设备的工作环境和人员的操作技能

D. 保证量值统一、准确的措施及检测数据公正可靠的管理制度

4.《产品质量法》第五十七条规定，产品质量检验机构、认证机构，伪造检验结果或出具虚假证明的，责令改正，对单位处(　)以上(　)以下的罚款，对直接负责的主管人员和其他直接责任人员处(　)以上(　)以下的罚款；有违法所得的，并处没收违法所得；情节严重的，取消其检验资格、认证资格；构成犯罪的，依法追究刑事责任。

A. 1 万元　　B. 3 万元　　C. 5 万元　　D. 10 万元

5. 根据《公路水运工程试验检测管理办法》，检测机构等级分为(　)和(　)专业。

A. 综合工程　　B. 公路工程　　C. 路面工程　　D. 水运工程

6. 公路工程综合类设(　)等级。

A. A　　B. B　　C. C　　D. 甲

E. 乙　　F. 丙　　G. 丁

7. 公路工程专项类分为(　)和(　)等级。

A. 交通工程　　B. 道路工程

C. 桥梁工程　　D. 桥梁隧道工程

8. 公路工程试验检测人员配备时，对于综合类甲级，持试验检测人员证书总人数应≥( )，持试验检测工程师证书人数应≥(　)。

A. 6　　B. 12　　C. 22　　D. 32

9. 公路水运工程试验检测活动应当遵循(　)的原则。

A. 科学　　B. 客观

C. 全面　　D. 严谨

E. 公正

10. 行业标准的编号由(　)组成。

A. 国家标准代号　　B. 行业标准代号

C. 标准顺序号　　D. 年号

11. 建设法规的基本特征是(　)。

A. 行政隶属性　　B. 经济性

C. 政策性　　D. 技术性

E. 强制性

12.《建设工程质量管理条例》所指的建设工程包括(　)。

A. 装饰工程　　B. 线路管道

C. 设备安装　　D. 土木工程

13.《公路水运工程试验检测机构等级标准》中规定的质量负责人强制条件包括(　)。

A. 职称　　B. 工作经历

C. 持试验检测工程师证书　　D. 持内审员证书

14. 我国标准分为(　)。

A. 国际标准
B. 国家标准
C. 行业标准
D. 地方标准
E. 企业标准

15. 下列选项中,对“标准”的理解正确的是( )。
A. 标准是法律依据
B. 标准是简要文字说明
C. 标准由国家部委制定
D. 标准过一定时间后应进行修改

16. 依据《实验室资质认定评审规则》的规定,检测报告应包括( )的信息。
A. 实验室的名称和地址
B. 报告的唯一性标识
C. 所有的标准和方法
D. 检测结果
E. 主管部门

17. 公路水运试验检测机构的人员配置要求包括( )。
A. 试验检测人员证书总数
B. 相关专业技术人员数量
C. 试验检测工程师证书专业及数量
D. 技术负责人和质量负责人的学历要求

18. 按照《中华人民共和国产品质量法》的有关规定,产品更新换代质量监督部门的工作人员( )构成犯罪的,依法追究刑事责任;尚不构成犯罪的,依法给予行政处分。
A. 滥用职权
B. 玩忽职守
C. 出具虚假证明
D. 徇私舞弊

19. 根据发布单位与适用范围,技术标准可分为( )。
A. 国家标准
B. 行业标准
C. 企业及地方标准
D. 推荐标准

20. 试验检测的主要技术标准其性质分为( )。
A. 国家标准
B. 行业标准
C. 强制性标准
D. 推荐性标准

第二章　计量认证相关内容

主要内容：

本章主要介绍了与实验室计量认证相关的内容，包括常用术语和定义、法定计量单位、量值溯源。

复习要点：

通用计量术语及试验检测的术语、公路水运试验检测的安全管理；实验室资质认定的基本概念；实验室资质认定评审准则、检测和校准实验室能力的通用要求（ISO/1ECl7025）的基本内容。

量值溯源的基本概念；质量管理体系文件的内容和层次划分（质量手册、程序文件、作业指导书、其他质量文件）；管理要求（11个要素）和技术要求（8个要素）的内容；文件受控的含义；样品管理的基本要求，计量认证和审查认可两种资质认定形式的区别；试验室管理制度、岗位基本职责。

仪器设备管理、使用、维护的基本内容，期间核查的要求，仪器设备检定、校准、验证的区别，正确使用检定校准报告结果；管理评审及内审的内容；原始记录及报告的格式、内容、签发的基本要求；检测报告的主要内容；计量认定（CMA）章、交通试验检测等级印章的含义和正确使用、公路水运试验检测安全管理的基本要求。

第一节　常用术语和定义

一、管理术语

（一）认证和认可

1.认证

与产品、过程、体系或人员有关的第三方证明。

注：（1）管理体系认证有时也被称为注册。

（2）认证适用于除合格评定机构自身外的所有合格评定对象，对合格评定机构适用认可。

2.认可

正式表明合格评定机构具备实施特定合格评定工作能力的第三方证明。

注：认可本身并不赋予实验室批准任何特定产品的资格，但是，当批准机构和认证机构决定是否接受与其业务有关的实验室提供的数据时，认可就可能与这些机构有关。

3.实验室认可

对校准和检测实验室有能力进行指定类型的校准和检测所做的一种正式承认。

4. 实验室认可机构

实行和管理实验室认可体系并准予认可的机构。它是指建立实验室认可制度,并对实验室进行认可的政府或民间团体。

5. 实验室评审

为评价校准和检测实验室是否符合规定的实验室认可准则而进行的一种检查。

6. 现场评审

为了对提出申请的实验室是否符合认可准则进行现场验证所做的一种访问。

注:也称为现场访问。

7. (实验室)能力验证

利用实验室间比对确定实验室的检测/校准能力。

注:“实验室能力验证”一词的含义极为广泛,它包括了以下内容:

(1)定性计划——例如要求实验室识别被测物品的某个组分。

(2)数据转换演练——例如提供给实验室多组数据要求进行处理,以获得进一步的信息。

(3)单件物品检测——一件物品按顺序送往若干个实验室,并按时返还组织者。

(4)单项演练——就单一事件,向实验室发送一个被测物品。

(5)连续计划——按规定的时间间隔,连续地向实验室发送被测物品。

(6)抽样——例如要求个人或组织抽取样品,以供进行后续分析。

8. 实验室间比对

按照预先规定的条件,由两个或多个实验室对相同或类似的被测物品进行检测/校准的组织、实施和评价。

9. 校准与测量能力

通常提供给用户的最高校准与检测水平,它用置信概率为95%的扩展不确定度表示。

注:有时称为最佳测量能力。

10. 专业判断

单个或一组人员做结论的能力,依据测量结果、知识、经验、文献和其他方面信息提供见解和做出解释。

注:专业判断不包括评价、决定或合格保证,这些内容包括在ISO/IEC关于认证和检验的导则中。

11. 校准

在规定条件下,为确定测量仪器(或测量系统)所指示的量值,或实物量具(或参考物质)所代表的值,与对应的由标准所复现的量值之间关系的一组操作。

注:(1)校准结果既可赋予被测量以示值,又可确定示值的修正值。

(2)校准也可确定其他计量特性。

(3)校准结果可以记录在校准证书或校准报告中。

12. 检测（测试、试验）

按照程序确定合格评定对象的一个或多个特性的活动。

注："检测"主要适用于材料、产品或过程。

13. 检查

审查产品设计、生产、过程或安装，并确定其与特定要求的符合性，或根据专业判断确定其与通用要求的符合性的活动。

注：对过程的检查可以包括对人员、设施、技术和方法的检查。

14. 合格评定

对与产品、过程、体系、人员或机构有关的规定要求得到满足的证明。

注：(1)合格评定的专业领域包括本标准其他地方所定义的活动，如检测、检查和认证，以及对合格评定机构的认可。

(2)本标准所称的"合格评定对象"或"对象"包含接受合格评定的特定材料、产品、安装、过程、体系、人员或机构。产品的定义包含服务。

(二)质量管理和标准化

1. 质量方针

由某组织的最高管理者正式发布的该组织的质量宗旨和质量方向。

注：质量方针是总方针的一个组成部分，由最高管理者批准。

2. 质量管理

确定质量方针、目标和职责并在管理体系中通过诸如质量策划、质量控制、质量保证和质量改进使其实施全部管理职能的所有活动。

注：(1)质量管理是各级管理者的职责，但必须由最高管理者领导。质量管理的实施涉及组织中的所有成员。

(2)在质量管理中要考虑到经济因素。

3. 质量控制

为达到质量要求所采取的作业技术和活动。

注：(1)质量控制包括作业技术和活动，其目的在于监视过程并排除质量环中所有阶段中导致不满意的原因，以取得经济效益。

(2)质量控制和质量保证的某些活动是相互关联的。

4. 质量保证

为了提供足够的信任表明实体能够满足质量要求，而在质量体系中实施并根据需要进行证实的全部有计划和有系统的活动。

注：(1)质量保证有内部和外部两种目的。①内部质量保证：在组织内部，质量保证向管理者提供信任。②外部质量保证：在合同或其他情况下，质量保证向顾客或他方提供信任。

(2)质量控制和质量保证的某些活动是相互关联的。

(3)只有质量要求全面反映了用户的要求，质量保证才能提供足够的信任。

5. 质量体系

为实施质量管理所需的组织结构、程序、过程的资源。

注:(1)质量体系的内容,应以满足质量目标的需要为准。

(2)一个组织的质量体系,主要是为满足该组织内部管理的需要而设计的。它比特定顾客的要求更为广泛。顾客仅仅评价质量体系中的有关部分。

(3)为了合同或强制性质量评价的目的,可要求对已确定的质量体系要素的实施进行证实。

6. 管理评审

由最高管理者就质量方针和目标,对质量体系的现状和适应性进行的正式评价。

注:(1)管理评审可以包括质量方针评审。

(2)质量审核的结果可作为管理评审的一种输入。

(3)"最高管理者"指的是其质量体系受到评审的组织的管理者。

7. 合同评审

合同签订前,为了确保质量要求规定的合理、明确并形成文件,且供方能实现,由供方所进行的系统的活动。

注:(1)合同评审是供方的职责,但可以与顾客联合进行。

(2)合同评审可以根据需要在合同的不同阶段重复进行。

8. 质量手册

阐明一个组织的质量方针并描述其质量体系的文件。

注:(1)质量手册可以涉及一个组织的全部活动或部分活动。手册的标题和范围反映其应用的领域。

(2)质量手册通常至少应包括或涉及以下方面:①质量方针;②影响质量的管理、执行、验证或评审工作的人员职责、权限和相互关系;③质量体系程序和说明;④关于手册评审、修改和控制的规定。

(3)质量手册在深度和形式上可以不同,以适应组织的需要。它可以由几个文件组成。根据手册的范围,可以使用限定词,如"质量保证手册"、"质量管理手册"。

9. 质量计划

针对特定的产品、项目或合同,规定专门的质量措施、资源和活动顺序的文件。

注:(1)质量计划通常参照质量手册中适用于特定情况的有关部分。

(2)根据质量计划的范围,可以使用限定词,如"质量保证计划"、"质量管理计划"。

10. 质量审核

确定质量活动和有关结果是否符合计划的安排,以及这些安排是否有效地实施并适合于达到预定目标的、有系统的、独立的检查。

注:(1)质量审核一般用于(但不限于)对质量体系或其要素、过程、产品或服务的审核。上述这些审核通常称为"质量体系审核"、"过程质量审核"、"产品质量审核"和"服务质量审核"。

(2)质量审核应由与被审核领域无直接责任的人员进行,但最好在有关人员的配合下进行。

(3)质量审核的一个目的是,评价是否需采取改进或纠正措施。审核不能和旨在解决过程控制或产品验收的“质量监督”或“检验”相混淆。

（4）质量审核可以是为内部或外部的目的而进行的。

11.组织结构

组织为行使其职能按某种方式建立的职责、权限及其相互关系。

12.文件控制

实验室应建立并保持文件编制、审核、批准、标识、发放、保管、修订和废止等的控制程序，确保文件现行有效。

13.程序

为进行某项活动所规定的途径。

14.过程

将输入转化为输出的一组彼此相关的资源和活动。

15.规范

阐明要求的文件。

注：（1）应使用限定词以表明规范的类型，如“产品规范”、“试验规范”。

（2）“规范”应涉及或包括图样、模样或其他有关文件，并指明用以检查合格与否的方法与准则。

16.技术规范

规定产品或服务特性的文体，例如质量水平、性能、安全或尺寸。它可以包括或只涉及术语、符号、检测或试验方法、包装、标志或标签的要求。

17.标准

为促进最佳的共同利益，在科学、技术、经验成果的基础上，由各有关方面合作起草并协商一致或基本同意而制定的适用于公用并经标准化机构批准的技术规范和其他文件。

注：（1）满足定义中所有条件的文件，有时可能称为其他名称，例如“建议”。

（2）在某些语言中，“标准”一词经常具有其他含义，它可以指不符合本定义全部条件的技术规范，例如“公司标准”。

18.预防措施

为防止潜在的不合格、缺陷或其他不希望的情况发生，消除其原因所采取的措施。

注：预防措施可以包括诸如程序和体系的更改，以实现质量环中任一阶段的质量改进。

19.纠正措施

为了防止已出现的不合格、缺陷或其他不希望的情况的再次发生，消除其原因所采取的措施。

注：（1）这种措施可以包括诸如程序和体系等的更改，以实现质量环中任一阶段的质量改进。

（2）“纠正”和“纠正措施”的区别是：“纠正”、“返修”、“返工”或“调整”，涉及对现有的不合格所进行的处置；“纠正措施”涉及消除产生不合格的原因。

20. 合格

满足规定的要求。

注:上述定义仅适用于质量标准。ISO/IEC 导则 2 对合格有不同的定义。

21. 不合格

没有满足某个规定的要求。

注:该定义包括一个或多个质量特性(包括可信性特性)或质量体系要素偏离了规定要求。

22. 缺陷

没有满足某个预期的使用要求或合理的期望,包括与安全性有关的要求。

注:期望必须在现有条件下是合理的。

(三)法制计量

1. 法制计量

计量的一部分,即与法定计量机构所执行工作有关的部分,涉及对计量单位、测量方法、测量设备和测量实验室的法定要求。

2. 法定[计量]单位

由国家法律承认、具有法定地位的计量单位。

3. 法定计量机构

负责在法制计量领域实施法律和法规的机构。

注:法制计量机构可以是政府机构,也可以是国家授权的其他机构。其主要任务是执行计量控制。

4. 计量监督

为核查计量器具是否依照计量法律、法规正确、诚实使用,而对计量器具制造、安装、修理或使用进行控制的程序。

这种监督也可扩展到对预包装品上指示量正确性的控制。

5. [计量器具的]检定

查明和确认计量器具是否符合法定要求的程序,它包括检查、加标记和(或)出具检定证书。

6. 首次检定

对未曾检定过的新计量器具进行的一种检定。

7. 后续检定

计量器具首次检定后的任何一种检定:

(1)强制性周期检定;

(2)修理后检定;

(3)周期检定有效期内的检定,不论它是由用户提出请求,或由于某种原因使有效期内的封印失效而进行的检定。

8. 周期检定

按时间间隔和规定程序，对计量器具定期进行的一种后续检定。

9. 检定证书

证明计量器具已经过检定，并获满意结果的文件。

10. 不合格通知书

声明计量器具不符合有关法定要求的文件。

11. 计量确认

为确保测量设备处于满足预期使用要求的状态所需要的一组操作。

12. 溯源等级图

一种代表等级顺序的框图，用以表明计量器具的计量特性与给定量的基准之间的关系。

注：溯源等级图是对给定量或给定型号计量器具所用的比较链的一种说明，以此作为其溯源性的证据。

13. [计量器具的]检查

为确定计量器具是否符合该器具有关法定要求进行的操作。

14. 检验

通过观察和判断，必要时结合测量、试验或估计所进行的符合性评价。

15. [计量器具的]检验

为查量计量器具的检定标记或检定证书是否有效、保护标记是否损坏、检定后计量器具是否遭到明显改动，以及其误差是否超过使用中最大允许误差所进行的一种检查。

二、技术术语

(一)测量和计量

1. 量值

一般由一个数乘以测量单位所表示的特定量的大小。

例：5.34m 或 534cm、15kg、10s、-40℃。

注：对于不能由一个数乘以测量单位所表示的量，可参照约定参考标尺，或参照测量程序，或两者都参照的方式表示。

2. [量的]真值

与给定的特定量的定义一致的值。

注：(1)量的真值只有通过完善的测量才有可能获得。

(2)真值按其本性是不确定的。

(3)与给定的特定量定义一致的值不一定只有一个。

3. [量的]约定真值

对于给定的具有适当不确定度的、赋予特定量的值，有时该值是约定采用的。

例:①在给定地点,取由参考标准复现而赋予该量的值作为约定真值;②常数委员会(GODATA)1986年推荐的阿伏伽德罗常数值为6.022 136 7 $\times 10^{23}$ mol^{-1}。

注:(1)约定真值有时称为指定值、最佳估计值、约定值或参考值。参考值在这种意义上使用不应与本节(三)中的第11条注中的参考值混淆。

(2)常常用某量的多次测量结果来确定约定真值。

4. 测量

以确定量值为目的的一组操作。

注:(1)操作可以是自动地进行的。

(2)测量有时也称计量。

5. 计量

实现单位统一、量值准确可靠的活动。

6. 计量学

关于测量的科学。

注:(1)计量学涵盖有关测量的理论与实践的各个方面,而不论测量的不确定度如何,也不论测量是在科学技术的哪个领域中进行的。

(2)计量学有时简称计量。

(3)计量学曾称度量衡学和权度学。

7. 测量原理

测量的科学基础。

例:①应用于温度测量的热电效应;②应用于电位差测量的约瑟夫森效应;③应用于速度测量的多普勒效应;④应用于分子振动波数测量的喇曼效应。

8. 测量方法

进行测量时所用的,按类别叙述的一组操作逻辑次序。

注:测量方法可按不同方式分类,如替代法、微差法、零位法。

9. 测量程序

进行特定测量时所用的,根据给定的测量方法具体叙述的一组操作。

注:测量程序(有时被称为测量方法)通常记录在文件中,并且足够详细,以使操作者在进行测量时不再需要补充资料。

10. 被测量

作为测量对象的特定量。

例:给定的水样品在20℃时的蒸气压力。

注:对被测量的详细描述,可要求包括对其他有关量(如时间、温度和压力)做出说明。

11. 影响量

不是被测量但对测量结果有影响的量。

例:①用来测量长度的千分尺的温度;②交流电位差幅值测量中的频率;③测量人体血液样品血红蛋白浓度时的胆红素的浓度。

(二)测量结果及其特性

1. 测量结果

由测量所得到的赋予被测量的值。

注:(1)在给出测量结果时,应说明它是示值、未修正测量结果或已修正测量结果,还应表明它是否为几个值的平均。

(2)在测量结果的完整表述中应包括测量不确定度,必要时还应说明有关影响量的取值范围。

2. [测量仪器的]示值

测量仪器所给出的量的值。

注:(1)由显示器读出的值可称为直接示值,将它乘以仪器常数即为示值。

(2)这个量可以是被测量、测量信号或用于计算被测量之值的其他量。

(3)对实物量具,示值就是它所标出的值。

3. 未修正结果

系统误差修正前的测量结果。

4. 已修正结果

系统误差修正后的测量结果。

5. 测量准确度

测量结果与被测量真值之间的一致程度。

注:(1)不要用术语精密度代替准确度。

(2)准确度是一个定性概念。

6. [测量结果的]重复性

在相同测量条件下,对同一被测量进行连续多次测量所得结果之间的一致性。

注:(1)这些条件称为重复性条件。

(2)重复性条件包括:相同的测量程序;相同的观测者;在相同的条件下使用相同的测量仪器;相同地点;在短时间内重复测量。

(3)重复性可以用测量结果的分散性定量地表示。

7. [测量结果的]复现性

在改变了的测量条件下,同一被测量的测量结果之间的一致性。

注:(1)在给出复现性时,应有效地说明改变条件的详细情况。

(2)改变条件可包括:测量原理测量方法、观测者、测量仪器、参考测量标准、地点、使用条件、时间。

(3)复现性可用测量结果的分散性定量地表示。

(4)测量结果在这里通常理解为已修正结果。

8. 实验标准[偏]差

对同一被测量作 n 次测量,表征测量结果分散性的量 s 可按下式算出:

$$s=\sqrt{\frac{\sum_{i=1}^{n}(x_i-\bar{x})^2}{n-1}}$$

式中：x_i——第 i 次测量的结果；

$\bar{x}$——所考虑的 n 次测量结果的算术平均值。

注：(1)当将 n 个值视作分布的取样时，$\bar{x}$ 为该分布的期望的无偏差估计，s^2 为该分布的方差 σ^2 的无偏差估计。

(2)$\frac{s}{\sqrt{n}}$ 为 $\bar{x}$ 分布的标准偏差的估计，称为平均值的实验标准偏差。

(3)将平均值的实验标准偏差称为平均值的标准误差是不正确的。

9. 测量不确定度

表征合理地赋予被测量之值的分散性，与测量结果相联系的参数。

注：(1)此参数可以是诸如标准[偏]差或其倍数，或说明了置信水准的区间的半宽度。

(2)测量不确定度由多个分量组成。其中一些分量可用测量列结果的统计分布估算，并用实验标准[偏]差表征。另一些分量则可用基于经验或其他信息的假定概率分布估算，也可用标准[偏]差表征。

(3)测量结果应理解为被测量之值的最佳估计，而所有的不确定度分量均贡献给了分散性，包括那些由系统效应引起的(如与修正值和参考测量标准有关的)分量。

10. 标准不确定度

以标准[偏]差表示的测量不确定度。

11. 不确定度的 A 类评定

用对观测列进行统计分析的方法，来评定标准不确定度。

注：不确定度的 A 类评定，有时也称 A 类不确定度评定。

12. 不确定度的 B 类评定

用不同于对观测列进行统计分析的方法，来评定标准不确定度。

注：不确定度的 B 类评定，有时也称 B 类不确定度评定。

13. 合成标准不确定度

当测量结果是由若干个其他量的值求得时，按其他各量的方差和协方差算得的标准不确定度。

14. 扩展不确定度

确定测量结果区间的量，合理赋予被测量之值分布的大部分可望包含于此区间。

注：扩展不确定度有时也称展伸不确定度或范围不确定度。

15. 包含因子

为求得扩展不确定度，对合成标准不确定度所乘的数字因子。

注：(1)包含因子等于扩展不确定度与合成标准不确定度之比。

(2)包含因子有时也称覆盖因子或范围因子。

16.[测量]误差

测量结果减去被测量的真值。

注:(1)由于真值不能确定,实际上用的是约定真值。

(2)当有必要与相对误差相区别时,此术语有时称为测量的绝对误差。注意不要与误差的绝对值相混淆,后者为误差的模。

17.偏差

一个值减去其参考值。

18.相对误差

测量误差除以被测量的真值。

注:由于真值不能确定,实际上用的是约定真值。

19.随机误差

测量结果与在重复性条件下,对同一被测量进行无限多次测量所得结果的平均值之差。

注:(1)随机误差等于误差减去系统误差。

(2)因为测量只能进行有限次数,故可能确定的只是随机误差的估计值。

20.系统误差

在重复性条件下,对同一被测量进行无限多次测量所得结果的平均值与被测量的真值之差。

注:(1)如真值一样,系统误差及其原因不能完全获知。

(2)对测量仪器而言,其示值的系统误差称偏移(bias)。

21.修正值

用代数方法与未修正测量结果相加,以补偿其系统误差的值。

注:(1)修正值等于负的系统误差。

(2)由于系统误差不能完全获知,因此这种补偿并不完全。

22.修正因子

为补偿系统误差而与未修正测量结果相乘的数字因子。

注:由于系统误差不能完全获知,因此这种补偿并不完全。

(三)测量仪器及其特性

1.测量仪器

单独地或连同辅助设备一起用以进行测量的器具。

2.实物量具

使用时以固定形态复现或提供给定量的一个或多个已知值的器具。

例:①砝码;②(单值或多值、带或不带标尺的)量器;③标准电阻;④量块;⑤标准信号发生器;⑥参考物质。

注:这里的给定量亦称为供给量。

3.测量系统

组装起来以进行特定测量的全套测量仪器和其他设备。

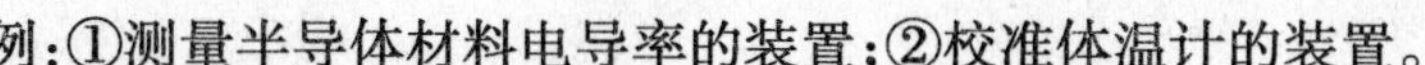

例:①测量半导体材料电导率的装置;②校准体温计的装置。

注:(1)测量系统可以包含实物量具和化学试剂。

(2)固定安装着的测量系统称为测量装备。

4. 测量设备

测量仪器、测量标准、参考物质、辅助设备以及进行测量所必需的资料的总称。

5. 标称范围

测量仪器的操纵器件调到特定位置时可得到的示值范围。

注:(1)标称范围通常用它的上限和下限表明,例如:100~200℃。若下限为零,标称范围一般只用其上限表明,例如:0~100V 的标称范围可表示为 100V。

(2)参见下一条"量程"的注。

6. 量程

标称范围两极限之差的模。

例:对 -10~+10V 的标称范围,其量程为 20V。

注:在有些知识领域中,最大值与最小值之差称为范围。

7. 标称值

测量仪器上表明其特性或指导其使用的量值,该值为圆整值或近似值。

例:①标在标准电阻上的量值:100Ω;②标在单刻度量杯上的量值:1L。

8. 测量范围(工作范围)

测量仪器的误差处在规定极限内的一组被测量的值。

注:(1)按约定真值确定"误差"。

(2)参见"量程"的注。

9. 额定操作条件

测量仪器的规定计量特性处于给定极限内的使用条件。

注:额定操作条件一般规定被测量和影响量的范围或额定值。

10. 极限条件

测量仪器的规定计量特性不受损也不降低,其后仍可在额定操作条件下运行而能承受的极端条件。

注:(1)储存、运输和运行的极限条件可以各不相同。

(2)极限条件可包括被测量和影响量的极限值。

11. 参考条件

为测量仪器的性能试验或为测量结果的相互比较而规定的使用条件。

注:参考条件一般包括作用于测量仪器的影响量的参考值或参考范围。

12. 灵敏度

测量仪器响应的变化除以对应的激励变化。

注:灵敏度可能与激励值有关。

13. 鉴别力[阈]

使测量仪器产生未察觉的响应变化的最大激励变化,这种激励变化应缓慢而单调地进行。

注:鉴别力[阈]可能与噪声(内部的或外部的)或摩擦有关,也可能与激励值有关。

14. [显示装置的]分辨力

显示装置能有效辨别的最小的示值差。

注:(1)对于数字式显示装置,这就是当变化一个末位有效数字时其示值的变化。

(2)此概念亦适用于记录式装置。

15. 稳定性

测量仪器保持其计量特性随时间恒定的能力。

注:(1)若稳定性不是对时间而是对其他量而言,则应该明确说明。

(2)稳定性可以用几种方式定量表示,例如:用计量特性变化某个规定的量所经过的时间;用计量特性经规定的时间所发生的变化。

16. 测量仪器的准确度

测量仪器给出接近于真值的响应能力。

注:准确度是定性的概念。

17. 准确度等级

符合一定的计量要求,使误差保持在规定极限以内的测量仪器的等别、级别。

注:准确度等级通常按约定注以数字或符号,并称为等级指标。

18. 测量仪器的[示值]误差

测量仪器示值与对应输入量的真值之差。

注:(1)由于真值不能确定,实际上用的是约定真值。

(2)此概念主要应用于与参考标准相比较的仪器。

(3)就实物量具而言,示值就是赋予它的值。

19. [测量仪器的]最大允许误差

对给定的测量仪器,规范、规程等所允许的误差极限值。

注:有时也称测量仪器的允许误差限。

20. [测量仪器的]固有误差

在参考条件下确定的测量仪器的误差。

21. [测量仪器的]重复性

在相同测量条件下,重复测量同一个被测量,测量仪器提供相近示值能力。

注:(1)这些条件包括:相同的测量程序、相同的观测者、在相同条件下使用相同的测量设备、在相同地点、在短时间内重复。

(2)重复性可用示值的分散性定量地表示。

22. [测量仪器的]引用误差

测量仪器的误差除以仪器的特定值。

注:该特定值的一般称为引用值,例如,可以是测量仪器的量程或标称范围的上限。

(四)测量标准和基准

1.[测量]标准

为了定义、实现、保存或复现量的单位或一个或多个量值,用作参考的实物量具、测量仪器、参考物质或测量系统。

例:①1kg 质量标准;②100Ω 标准电阻;③标准电流表;④铯频率标准;⑤标准氢电极。

注:(1)一组相似的实物量具或测量仪器,通过它们的组合使用所构成的标准称为集合标准。

(2)一组其值经过选择的标准,它们可单个使用或组合使用,从而提供一系列同种量的值,称为标准组。

2.国际[测量]标准

经国际协议承认的测量标准,在国际上作为对有关量的其他测量标准定值的依据。

3.国家[测量]标准

经国家决定承认的测量标准,在一个国家内作为对有关量的其他测量标准定值的依据。

4.基准

具有最高的计量学特性,其值不必参考相同量的其他标准,被指定的或普遍承认的测量标准。

注:基准的概念同等地适用于基本量和导出量。

5.次级标准

通过与相同量的基准比对而定值的测量标准。

注:有时副基准、工作基准亦称次级标准。

6.参考标准

在给定地区或在给定组织内,通常具有最高计量学特性的测量标准,该处所做的测量均从它导出。

7.工作标准

用于日常校准或核查实物量具、测量仪器或参考物质的测量标准。

注:(1)工作标准通常用参考标准校准。

(2)用于确保日常测量工作正确进行的工作标准称为核查标准。

8.传递标准

在测量标准相互比较中用作媒介的测量标准。

注:当媒介不是测量标准时,应该用术语——传递装置。

9.搬运式标准

供运输到不同地点有时具有特殊结构的测量标准。例:由电池供电的便携式铯频率标准。

10. 溯源性

通过一条具有规定不确定度的不间断的比较链，使测量结果或测量标准的值能够与规定的参考标准，通常是与国家测量标准或国际测量标准联系起来的特性。

注：(1)此概念常用形容词“可溯源的”来表述。

(2)这条不间断的比较链称为溯源链。

11. 参考物质

具有一种或多种足够均匀和很好地确定了的特性，用以校准测量装置、评价测量方法或给材料赋值的一种材料或物质。

注：参考物质可以是纯的或混合的气体、液体或固体。例如：校准黏度计用的水，量热计法中作为热容量校准物的蓝宝石，化学分析校准用的溶液。

12. 有证参考物质

附有证书的参考物质，某一种或多种特性值用建立了溯源性的程序确定，使之可溯源到准确复现的表示该特性值的测量单位，每一种出证的特性值都附有给定置信水平的不确定度。

注：(1)有证参考物质一般成批制备，其特性值是通过对代表整批物质的样品进行测量而确定，并且有规定的不确定度。

(2)当物质与特制的器件结合时，例如已知三相点的物质装入三相点瓶、已知光密度的玻璃组装成透射滤光片、尺寸均匀的球状颗粒安放在显微镜载片上，有证参考物质的特性有时可方便和可靠地确定。上述这些器件也可以认为是有证参考物质。

(3)所有有证参考物质均应符合测量标准的定义。

(4)有些参考物质和有证参考物质，由于不能和已确定的化学结构相关联或出于其他原因，其特性不能按严格规定的物理和化学测量方法确定。这类物质包括某些生物物质，如疫苗，世界卫生组织已经规定了它的国际单位。

第二节　法定计量单位

一、法定计量单位的构成

我国《计量法》明确规定，国家实行法定计量单位制度。法定计量单位是政府以法令的形式，明确规定在全国范围内采用的计量单位。国务院于1984年2月27日发布了《关于在我国统一实行法定计量单位的命令》，同时要求逐步废除国家非法定计量单位。这是统一我国单位制和量值的依据。

《计量法》规定：“国家采用国际单位制。国际单位制计量单位和国家选定的其他计量单位，为国家法定计量单位。”国际单位制是我国法定计量单位的主体，国际单位制如有变化，我国法定计量单位也将随之变化。

实行法定计量单位，对我国国民经济和文化教育事业的发展，推动科学技术的进步和扩大国际交流都有重要意义。

(一)国际单位制计量单位

1. 国际单位制的来历和特点

在人类历史上,计量单位是伴随着生产与交换的发生、发展而产生的。随着社会和科学技术的进步,要求计量单位稳定和统一,以维护正常的社会、经济和生产活动的秩序,于是逐步形成了各个国家的古代计量制度。这些制度是根据各自的经验和习惯确定的,自然是千差万别、各行其是。有时在一个国家内,还有多种计量制度并存,这种状况阻碍着生产和贸易的发展及社会进步。

法国在1790年建议创立一种新的、建立在科学基础上的计量制度,随后制定了"米制法",通过对地球子午线长度的精密测量来确定最初的米原器。这一制度逐渐得到其他国家的认同,1875年17个国家在巴黎签署了"米制公约",成立国际计量委员会(CIPM),并设立国际计量局(BIPM)。我国于1977年加入米制公约国际组织。

随着科学技术的发展,在米制的基础上先后形成了多种单位制,又出现混乱局面。1960年第十一届国际计量大会(CGPM)总结了米制经验,将一种科学实用的单位制命名为"国际单位制",并用符号SI表示。后经多次修订,现已形成了完整的体系。

SI遵从一贯性原则。即比例因数为1的基本单位幂的乘积来表示的导出计量单位,叫一贯计量单位。因为SI的全部导出单位均为一贯计量单位,所以它是一贯计量单位制,从而使符合科学规律的量的方程与数值方程相一致。

SI是在科技发展中产生的,也将随着科技的发展而不断完善。由于其结构合理、科学简明、方便实用,适用于众多科技领域和各行各业,可实现世界范围内计量单位的统一,因而获得国际上广泛承认和接受,成为科技、经济、文教、卫生等各界的共同语言。

2. 国际单位制的构成

国际单位制的构成如图2-1所示。

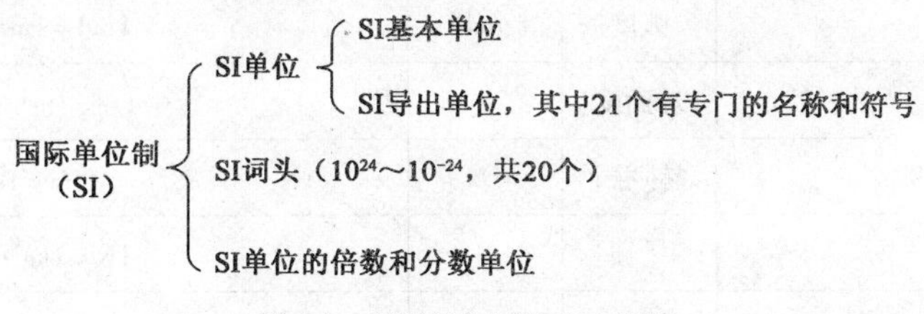

图2-1　国际单位制构成示意图

3. SI基本单位

要建立一种计量单位制,首先要确定基本量,即约定地认为在函数关系上彼此独立的量。SI选择了长度、质量、时间、电流、热力学温度、物质的量和发光强度7个基本量,并给基本单位规定了严格的定义。这些定义体现了现代科技发展的水平,其量值能以高准确度复现出来。SI基本单位是SI的基础,其名称和符号见表2-1。

4. SI导出单位

SI导出单位是按一贯性原则,通过比例因数为1的量的定义方程式由SI基本单位导出的单位,导出单位是组合形式的单位,它们是由两个以上基本单位幂的乘积来表示的。

SI 基 本 单 位　　表 2-1

量 的 名 称	单 位 名 称	单 位 符 号
长度	米	m
质量	千克(公斤)	kg
时间	秒	s
电流	安[培]	A
热力学温度	开[尔文]	K
物质的量	摩[尔]	mol
发光强度	坎[德拉]	cd

为了读写和实际应用的方便,以及便于区分某些具有相同量纲和表达式的单位,在历史上出现了一些具有专门名称的导出单位。但是,这样的单位不宜过多,当时 SI 仅选用了 19 个,其专门名称可以使用。没有选用的,如电能单位“度”(即千瓦时),光亮度单位“尼特”(即坎德拉每平方米)等名称,就不能再使用了。应注意在表 2-2 和表 2-3 中,单位符号和其他表示式可以等同使用。例如:力的单位牛顿(N)和千克米每二次方秒($kg \cdot m/s^2$)是完全等同的。

原 SI 的两个辅助单位,即弧度和球面度是由长度单位导出的,在某些领域(如光度学和辐射度学)有着重要的应用,是一个独立而具体的单位。以前曾将它们单独列为一类,现在则归为具有专门名称的导出单位一类。这样,具有专门名称的导出单位便一共有 21 个,见表 2-2 和表 2-3。

具有专门名称的 SI 导出单位　　表 2-2

量 的 名 称	名 称	符 号	用 SI 基本单位和 SI 导出单位表示
[平面]角	弧度	rad	$1rad = 1m/m = 1$
立体角	球面度	sr	$1sr = 1m^2/m^2 = 1$
频率	赫[兹]	Hz	$1Hz = 1s^{-1}$
力	牛[顿]	N	$1N = 1kg \cdot m/s^2$
压力,压强,应力	帕[斯卡]	Pa	$1Pa = 1N/m^2$
能[量],功,热量	焦[耳]	J	$1J = 1N \cdot m$
功率,辐[射能]通量	瓦[特]	W	$1W = 1J/s$
电荷[量]	库[仑]	C	$1C = 1A \cdot s$
电压,电动势,电位,(电势)	伏[特]	V	$1V = 1W/A$
电容	法[拉]	F	$1F = 1C/V$
电阻	欧[姆]	Ω	$1\Omega = 1V/A$
电导	西[门子]	S	$1S = 1\Omega^{-1}$

续上表

量的名称	名称	符号	用SI基本单位和SI导出单位表示
磁通[量]	韦[伯]	Wb	1Wb = 1V·s
磁通[量]密度,磁感应强度	特[斯拉]	T	$1T = 1Wb/m^2$
电感	亨[利]	H	1H = 1Wb/A
摄氏温度	摄氏度	℃	1℃ = 1K
光通量	流[明]	lm	1lm = 1cd·sr
[光]照度	勒[克斯]	lx	$1lx = 1lm/m^2$

因人类健康安全防护需要而确定的具有专门名称的SI导出单位　表2-3

量的名称	名称	符号	用SI基本单位和SI导出单位表示
[放射性]活度	贝可[勒尔]	Bq	$1Bq = 1s^{-1}$
吸收剂量,比授[予]能,比释动能	戈[瑞]	Gy	1Gy = 1J/kg
剂量当量	希[沃特]	Sv	1Sv = 1J/kg

5. SI单位的倍数和分数单位

基本单位、具有专门名称的导出单位,以及直接由它们构成的组合形式的导出单位都称之为SI单位,它们都有主单位的含义。在实际使用时,量值的变化范围很宽,仅用SI单位来表示量值很不方便。为此,SI中规定了20个构成十进倍数和分数单位的词头和所表示的因数。这些词头不能单独使用,也不能重叠使用,它们仅用于与SI单位(kg除外)构成SI单位的十进倍数单位和十进分数单位。需要注意的是:相应于因数10^3(含10^3)以下的词头符号必须用小写正体,等于或大于因素10^6的词头符号必须用大写正体,从10^3到10^{-3}是十进位,其余是千进位,详见表2-4。

SI单位加上SI词头后两者结合为一整体,就不再称为SI单位,而称为SI单位的倍数或分数单位,或者称为SI单位的十进倍数或分数单位。

用于构成十进倍数和分数单位的词头　表2-4

所表示的因数	词头名称	词头符号	所表示的因数	词头名称	词头符号
10^{24}	尧[它]	Y	10^{-1}	分	d
10^{21}	泽[它]	Z	10^{-2}	厘	c
10^{18}	艾[可萨]	E	10^{-3}	毫	m
10^{15}	拍[它]	P	10^{-6}	微	μ
10^{12}	太[拉]	T	10^{-9}	纳[诺]	n
10^{9}	吉[咖]	G	10^{-12}	皮[可]	p
10^{6}	兆	M	10^{-15}	飞[母托]	f
10^{3}	千	k	10^{-18}	阿[托]	a
10^{2}	百	h	10^{-21}	仄[普托]	z
10^{1}	十	da	10^{-24}	幺[科托]	y

(二)国家选定的其他计量单位

尽管SI有很大的优越性,但并非十全十美。在日常生活和一些特殊领域,还有一些广泛使用的、重要的非SI单位,尚需继续使用。因此,我国选定了若干非SI单位与SI单位一起,作为国家的法定计量单位，它们具有同等的地位，详见表2-5。

国家选定的非国际单位制单位 表2-5

量的名称	单位名称	单位符号	换算关系和说明
时间	分	min	1min = 60s
	[小]时	h	1h = 60min = 3 600s
	天(日)	d	1d = 24h = 86 400s
平面角	[角]秒	(″)	1″ = (π/648 000)rad(π为圆周率)
	[角]分	(′)	1′ = 60″ = (π/10 800)rad
	度	(°)	1° = 60′ = (π/180)rad
旋转速度	转每分	r/min	1r/min = (1/60)s^{-1}
长度	海里	n mile	1n mile = 1 852m(只用于航程)
速度	节	kn	1kn = 1n mile/h = (1 852/3 600)m/s(只用于航行)
质量	吨	t	1t = 10^3kg
	原子质量单位	u	1u ≈ 1.660 540 × 10^{-27}kg
体积	升	L,(l)	1L = 1dm^3 = $10^{-3}$$m^3$
能	电子伏	eV	1eV ≈ 1.602 177 × 10^{-19}J
级差	分贝	dB	
线密度	特[克斯]	tex	1tex = 1g/km
面积	公顷	hm^2	1hm^2 = 10 000m^2(国际符号为ha)

注：1. 周、月、年(年的符号为a)，为一般常用时间单位。
2. [ ]内的字是在不致混淆的情况下，可以省略的字。
3. ( )内的字为前者的同义语。
4. 角度单位度、分、秒的符号不处于数字后时，应加括号。
5. 升的符号，小写字母l为备用符号。
6. r为"转"的符号。
7. 人民生活和贸易中，质量习惯称为重量。
8. 公里为千米的俗称，符号为km。
9. 10^4 称为万，10^8 称为亿，10^{12} 称为万亿，这类数词的使用不受词头名称的影响，但不应与词头混淆。

我国选用的非SI单位包括10个由CGPM确定的允许与SI并用的单位，3个暂时保留与SI并用的单位(海里、节、公顷)。此外，根据我国的实际需要，还选取了"转每分"、"分贝"和"特克斯"3个单位，一共16个SI制外单位，作为国家法定计量单位的组成部分。

CGPM确定暂时保留与SI并用的单位还有9个(表2-6)，它们可能出现在国际标准或国际组织的出版物中，但是在我国不得使用。在个别科学技术领域，如需使用某些非法定计量单位(如天文学上的"光年")，则须与有关国际组织规定的名称、符号相一致。

我国没有选用的暂时保留与SI并用的单位 表2-6

单位名称	单位符号	用SI单位表示的值
埃	Å	1Å = 0.1mm = 10^{-10}m
公亩	a	1a = 1dam^2 = $10^2$$m^2$
靶恩	b	1b = 100fm^2 = $10^{-28}$$m^2$
巴	bar	1bar = 0.1MPa = 10^5Pa
伽	Gal	1Gal = 1cm/s^2 = $10^{-2}$$m/s^2$
居里	Ci	1Ci = 3.7 × 10^{10}Bq

续上表

单位名称	单位符号	用SI单位表示的值
伦琴	R	$1R = 2.58 \times 10^{-4} C/kg$
拉德	rad	$1rad = 1cGy = 10^{-2} Gy$
雷姆	rem	$1rem = 1cSv = 10^{-2} Sv$

二、法定计量单位的使用规则

(一)法定计量单位名称

(1)计量单位的名称,一般是指它的中文名称,用于叙述性文字和口述中,不得用于公式、数据表、图、刻度盘等处。

(2)组合单位的名称与其符号表示的顺序一致,遇到除号时,读为“每”字。

例如:J/(mol·K)的名称应为“焦耳每摩尔开尔文”。书写时亦应如此,不能加任何图形和符号,不要与单位的中文符号相混。

(3)乘方形式的单位名称举例:m^4 的名称应为“四次方米”,而不是“米四次方”。用长度单位米的二次或三次方表示面积或体积时,其单位名称为“平方米”或“立方米”,否则仍应为“二次方米”或“三次方米”。

$℃^{-1}$的名称为“每摄氏度”,而不是“负一次方摄氏度”。

s^{-1}的名称应为“每秒”。

(二)法定计量单位符号

(1)计量单位的符号分为单位符号(即国际通用符号)和单位的中文符号(即单位名称的简称)。后者便于在知识水平不高的场合下使用,一般推荐使用单位符号。十进制单位符号应置于数据之后。单位符号按其名称或简称读,不得按字母读音。

(2)单位符号一般用正体小写字母书写,但是以人名命名的单位符号,第一个字母必须正体大写。“升”的符号“l”,可以用大写字母“L”。单位符号后,不得附加任何标记,也没有复数形式。

组合单位符号书写方式的举例及其说明见表2-7。

组合单位符号书写方式举例　　表2-7

单位名称	符号的正确书写方式	错误或不适当的书写形式
牛顿米	N·m,Nm,牛·米	N-m,mN,牛米,牛-米
米每秒	m/s,$m\cdot s^{-1}$ 米·$秒^{-1}$,米/秒	ms^{-1} 秒米,$米秒^{-1}$
瓦每开尔文米	W/(K·m),瓦/(开·米)	W/(开·米),W/K/m,W/K·m
每米	m^{-1},$米^{-1}$	1/m,1/米

注:1. 分子为1的组合单位的符号,一般不用分子式,而用负数幂的形式。

2. 单位符号中,用斜线表示相除时,分子、分母的符号与斜线处于同一行内。分母中包含两个以上单位符号时,整个分母应加圆括号,斜线不得多于1条。

3. 单位符号与中文符号不得混合使用。但是非物理量单位(如台、件、人等),可用汉字与符号构成组合形式单位;摄氏度的符号℃可作为中文符号使用,如J/℃可写为焦/℃。

(三)词头使用方法

(1)词头的名称紧接单位的名称,作为一个整体,其间不得插入其他词。例如:面积单位 km^2 的名称和含义是"平方千米",而不是"千平方米"。

(2)仅通过相乘构成的组合单位在加词头时,词头应加在每一个单位之前。例如:力矩单位 kN·m,不宜写成 N·km。

(3)摄氏度和非十进制法定计量单位,不得用 SI 词头构成倍数和分数单位。它们参与构成组合单位时,不应放在最前面。例如:光量单位 lm·h,不应写为 h·lm。

(4)组合单位的符号中,某单位符号同时又是词头符号,则应将它置于单位符号的右侧。例如:力矩单位 Nm,不宜写成 mN。温度单位 K 和时间单位 s 和 h,一般也在右侧。

(5)词头 h、da、d、c(即百、十、分、厘)一般只用于某些长度、面积、体积和早已习用的场合,例如 cm,dB 等。

(6)一般不在组合单位的分子分母中同时使用词头,例如:电场强度单位可用 MV/m,不宜用 kV/mm。词头加在分子的第一个单位符号前,例如:热容单位 J/K 的倍数单位 kJ/K,不应写为 J/mK。同一单位中一般不使用两个以上的词头,但分母中长度、面积和体积单位可以有词头,kg 也作为例外。

(7)选用词头时,一般应使量的数值处于 0.1 ~ 1 000 范围内。例如:1 401Pa 可写成 1.401kPa。

(8)万(10^4)和亿(10^8)可放在单位符号之前作为数值使用,但不是词头。十、百、千、十万、百万、千万、十亿、百亿、千亿等中文词,不得放在单位符号前作数值用。例如:"3 千秒$^{-1}$"应读作"三每千秒",而不是"三千每秒";对"三千每秒",只能表示为"3 000 秒$^{-1}$"。读音"一百瓦",应写作"100 瓦"或"100W"。

(9)计算时,为了方便,建议所有量均用 SI 单位表示,词头用 10 的幂代替。这样,所得结果的单位仍为 SI 单位。

三、SI 基本单位的定义

1. 米

光在真空中于 1/299 792 458 秒的时间间隔内所经过的距离。

2. 千克(公斤)

质量单位,等于国际千克(公斤)原器的质量。

3. 秒

铯-133 原子基态的两个超精细能阶之间跃迁所对应的辐射的 9 192 631 770 个周期的持续时间。

4. 安[培]

一恒定电流,若保持在处于真空中相距 1 米的两无限长而圆截面可忽略的平行直导线内,则此两导线之间产生的力在每米长度上等于 2×10^{-7} 牛顿。

5. 开[尔文]

水三相点热力学温度的 1/273.16。

6. 摩[尔]

一系统的物质的量，该系统中所包含的基本单元数与 0.012 千克碳 – 12 的原子数目相等。在使用摩[尔]时应指明基本单元，可以是原子、分子、离子、电子及其他粒子，或是这些粒子的特定组合。

7. 坎[德拉]

发射出频率为 540×10^{12} 赫兹单色辐射的光源在给定方向上的发光强度，而且在此方向上的辐射强度为 1/683 瓦特每球面度。

第三节 量值溯源

一、计量及其溯源性

计量是为实现单位统一、量值准确可靠而进行的科技、法制和管理活动，准确性、一致性、溯源性及法制性是计量工作的重要特点。

准确性是指测量结果与被测量真值的一致程度。由于实际上不存在完全准确无误的测量，因此在给出量值的同时，必须给出适应应用目的或实际需要的不确定度或误差范围。否则，所进行的测量的质量（品质）就无从判断，量值也就不具备充分的实用价值。所谓量值的准确，是在一定的不确定度、误差极限或允许误差范围内的准确。

一致性是指在统一计量单位的基础上，无论在何时、何地，采用何种方法，使用何种计量器具，以及由何人测量，只要符合有关的要求，其测量结果就应在给定的区间内一致。也就是说，测量结果应是可重复、可再现（复现）、可比较的。换言之，量值是确实可靠的，计量的核心是对测量结果及其有效性、可靠性的确认，否则，计量就失去其社会意义。计量的一致性不仅限于国内，也适用于国际。例如国际比对结果应在等效区间或协议区间内一致。

溯源性是指任何一个测量结果或计量标准的值，都能通过一条具有规定不确定度的连续比较链，与计量基准联系起来。这种特性使所有的同种量值，都可以按这条比较链通过校准和一致性得到技术保证。否则，量值出于多源或多头，必须会在技术上和管理上造成混乱。所谓“量值溯源”，是指自下而上通过不间断的校准而构成溯源体系；而“量值传递”，则是自上而下通过逐级检定而构成检定系统。

法制性来自于计量的社会性，因为量值的准确可靠不仅依赖于科学技术手段，还要有相应的法律、法规和行政管理。特别是对国计民生有明显影响、涉及公众利益和可持续发展或需要特殊信任的领域，必须由政府主导建立起法制保障。否则，量值的准确性、一致性及溯源性就不可能实现，计量的作用也难以发挥。

由此可见，计量不同于一般的测量。测量是为确定量值而进行的全部操作，一般不具备、也不必具备计量的上述 4 个特点。所以，计量属于测量而又严于一般的测量，在这个意义上可以狭义地认为，计量是与测量结果置信度有关的、与不确定度联系在一起的、规范化的测量。实际上，科技、经济和社会越发展，对单位统一、量值溯源的要求越高，计量的作用也就越显重要。

二、溯源等级图

溯源等级图是一种代表等级顺序的框图，用以表明计量器具的计量特性与给定量的基准之间的关系。有时也称为溯源体系表，它是对给定量或给定型号计量器具所用的比较链的一种说明，以此作为其溯源性的证据。

建立溯源等级图的目的，是要对所进行的测量在其溯源到计量基准的途径中，尽可能减少环节和降低测量不确定度，能给出最大的可信度。为实现溯源性，用等级图的方式应给出：①不同等级标准器的选择；②等级间的连接及其平行分支；③标准器特性的重要信息，如测量范围、不确定度或准确度等级或最大允许误差等；④溯源链中比较用的装置和方法。

等级图是逐级分等的，即用$(n-1)$等级校准 n 等级，或由 n 等级向$(n-1)$级溯源。试图固定两个等级间的不确定度之比是不现实的。根据被测量的具体情况，这个比率通常处于 3 ~10 之间，对某些量，准确度提高 2 倍也是可观的进步，但对另一些量，甚至可能达到 10 倍。

在等级图中应注意区别标准器复现量值的不确定度，以及经标准器校准所得测量结果的不确定度，要指明不确定度是合成还是扩展不确定度。当表示为扩展不确定度时，要给出包含因子 k 或置信概率 p。等级图中所反映的信息，应与有关法规、规程或规范的要求相一致。

对持有某一等级计量器具的部门或企业，至少应按溯源等级图提供其上一等级标准器特性的有关信息，以便实现其向国家基准的溯源。

三、检定系统表

通过一条具有规定不确定度的不间断的比较链，使测量结果或测量标准的值能够与规定的参考标准（通常是国家测量标准或国际测量标准）联系起来的特性，称为溯源性。

根据溯源等级图的概念，不同国家可以采取不同形式的比较链（常称为校准链），并附有足够的文字信息，以保证不同国家建立的校准链有相当程度的一致性，便于溯源到国家基准并与国际基准相联系。

在我国，目前还是用国家计量检定系统表来代表国家溯源等级图。它是一种法定技术文件，由国务院计量行政部门组织制定并批准发布。这种系统表通常用图表结合文字的形式表达，其要求基本上与溯源等级图方式相一致。我国规定：一项国家计量基准对应一种检定系统表，并由该项基准的保存单位负责编制，经一定的审批手续，由国家计量行政部门批准发布。

国家计量检定系统表的代号为 JJF××××——××××，其中 JJF 为计量技术规范的缩写，××××为检定系统表颁布的序号，××××为其颁布的年号。目前已颁布了近 100 个检定系统表。国家计量检定系统表具有一定的法律地位，它规定了我国量值传递（也可认为是量值溯源的逆过程）体系。按检定系统表进行检定，既可确保被检计量器具的准确度，又可避免用过高准确度的计量标准检定低准确度的计量器具，也可指导企业、事业单位实现计量器具量值的溯源。

国家检定系统框图分 3 大部分——计量基准器具、计量标准器具及工作计量器具。在分割这 3 部分的点划线中说明其检定的方法，比如是直接测量还是间接测量或比对；在每一部分内部各级标准器间，也以一定方式表示其相互关系及比较的方法。该框图的第一级应为国家

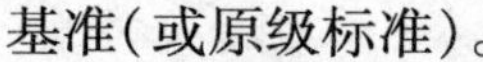

基准(或原级标准)。

实际上,现有的国家计量检定系统表仅适用于目前属于检定范畴的和已经建立了国家基准的计量器具的量值传递。对于大量的进行校准的计量器具,尚需制定出国家溯源等级图。

四、校准和检定

在规定条件下,为确定测量仪器或测量系统所指示的量值,或实物量具或参考物质所代表的量值,与对应的由标准所复现的量值之间关系的一组操作,称为校准。

(1)校准的主要含义有2点,即:

①在规定的条件下,用一个可参考的标准,对包括参考物质在内的测量器具的特性赋值,并确定其示值误差;

②将测量器具所指示或代表的量值,按照校准链,将其溯源到标准所复现的量值。

(2)校准的主要目的有4点,即:

①确定示值误差,并可确定是否在预期的允许误差范围之内;

②得出标称值偏差的报告值,可调整测量器具或对示值加以修正;

③给任何标尺标记赋值或确定其他特性值,或给参考物质特性赋值;

④实现溯源性。

校准的依据是校准规范或校准方法,可做统一规定也可自行制定。校准的结果可记录在校准证书或校准报告中,也可用校准因数或校准曲线等形式表示。

计量器具的检定,则是查明和确认计量器具是否符合法定要求的程序,它包括检查、加标记和(或)出具检定证书。

检定具有法制性,其对象是法制管理范围内的计量器具。由于各国的管理体制不同,法制计量管理的范围也不同。1987年,国家计量局发布的《中华人民共和国依法管理的计量器具目录》有12大类;同年,国务院发布了《中华人民共和国强制检定的工作计量器具检定管理办法》,该办法中附有强制检定的工作计量器具目录,即用于贸易结算、安全防护、医疗卫生、环境监测4个方面的工作计量器具55项,国家计量局又发布明细目录共111种。1999年,国家质量技术监督局根据国务院的授权又增补了强检工作计量器具4项6种。从国际法制计量组织的宗旨及其发布的国际建议看,其认定的法制管理范围基本上与我国的强制检定管理范围相当。随着我国改革开放及经济的发展,强化检定法制性的同时,对大量的非强制检定的计量器具为达到统一量值的目的,以采用校准为主要方式。一个被检定过的计量器具也就是根据检定结果,已被授予法制特性的计量器具。强制检定应由法定计量检定机构或者授权的计量检定机构执行。此外,我国对社会公用计量标准,部门和企业、事业单位的各项最高计量标准,也实行强制检定。

检定的依据是按法定程序审批公布的计量检定规程。我国《计量法》规定:"计量检定必须按照国家计量检定系统表进行。国家计量检定系统表由国务院计量行政部门制定。计量检定必须执行计量检定规程。国家计量检定规程由国务院计量行政部门制定。没有国家计量检定规程的,由国务院有关主管部门和省、自治区、直辖市人民政府计量行政部门分别制定部门计量检定规程和地方计量检定规程,并向国务院计量行政部门备案。"因此,任何企业和其他实体是无权制定检定规程的。

对检定结果，必须做出合格与否的结论，并出具证书或加盖印记。从事检定的工作人员必须是经考核合格，并持有有关计量行政部门颁发的检定员证。

校准和检定的主要区别，可归纳为如下 5 点，即：

(1)校准不具法制性，是企业的自愿溯源作为；检定具有法制性，属计量管理范畴的执法行为。

(2)校准主要确定测量器具的示值误差；检定是对测量器具的计量特性及技术要求的全面评定。

(3)校准的依据是校准规范、校准方法，可做统一规定也可自行制定；检定的依据是检定规程。

(4)校准不判断测量器具合格与否，但当需要时，可确定测量器具的某一性能是否符合预期的要求；检定要对所检的测量器具做出合格与否的结论。

(5)校准结果通常是发校准证书或校准报告；检定结果合格的发检定证书，不合格的发不合格通知书。

在我国，一直没有把校准作为实现单位统一和量值准确可靠的主要方式，却用检定来代替它。这一观念目前正在转变中，而且越来越多地被人们所接受，它在量值溯源中的地位将被确立。

第四节　实验室管理

一、评审准则的要素和要点

《实验室资质认定评审准则》分为管理要求和技术要求，共 19 个要素，104 个要点。

(1)管理要求有 11 个要素 51 个要点。分别为，组织 12 个要点，管理体系 5 个要点，文件控制 4 个要点，检测和/或校准分包 3 个要点，服务和供应品的采购 4 个要点，合同评审 2 个要点，申诉和投诉 3 个要点，纠正措施、预防措施及改进 4 个要点，记录 6 个要点，内部审核 5 个要点，管理评审 3 个要点。

(2)技术要求有 8 个要素 53 个要点。分别为，人员 7 个要点，设施和环境条件 6 个要点，检测和校准方法 6 个要点，设备和标准物质 10 个要点，量值溯源 7 个要点，抽样和样品处置 7 个要点，结果质量控制 2 个要点，结果报告 5 个要点。

其中内部审核和管理评审内容如下：

1. 内部审核

(1)实验室是否制订了内部审核控制程序。

(2)实验室是否按照程序规定开展了内部审核，审核其完整的内审资料。

(3)实验室内审工作程序是否规范，记录是否齐全，不符合报告是否事实清楚、定性准确，针对不符合工作制订的纠正措施是否合理，纠正措施是否实施，实施的结果是否进行了验证等。

(4)每个年度的内审工作是否包括管理体系的所有要素，是否覆盖了实验室的所有部门和工作场所。

(5)内审人员是否进行了资格确认,是否经过恰当的培训;内审人员是否做到了独立于被审核的工作。

2. 管理评审

(1)实验室是否编制了管理评审控制程序文件。

(2)管理评审工作是否按照规定和计划组织实施,每次评审输入是否明确,评审是否充分,结果是否恰当。

(3)管理评审报告提出的有关措施是否纳入改进,其结果是否得到验证。

二、实验室管理制度和岗位职责

为了将实验室各岗位的工作内容、职责、权力,与其他部门的职务关系以及各岗位任职条件形象地表达出来,特编制表2-8。

实验室管理体系要素与岗位职能分配表 表2-8

管理体系要素	职能部门						
	最高管理者	技术负责人	质量负责人	办公室	现场检测组	室内试验组	工地试验室
质量方针与目标管理	★	△	▲	△	△	△	△
组织	★	▲	▲	△	△	△	△
管理体系	△	△	★	▲	△	△	△
文件控制	△	△	★	▲	△	△	△
检测和/或校准分包	△	★	△	▲			
服务和供应品的采购		△	★	▲			
合同评审	△	★	△	▲	△	△	△
申诉和投诉	△	△	★	▲	△	△	
纠正措施、预防措施及改进	△	△	★	▲	△	△	△
记录	△	★	★	▲	△	△	△
内部审核	△	△	★	▲	△	△	△
管理评审	★	▲	▲	△	△	△	△
人员管理	★	△		▲	△	△	△
设施和环境条件	△	★		▲	△	△	△
检测和校准方法	△	★	△	▲	△	△	△
设备和标准物质	△	★	△	▲	△	△	△
量值溯源	△	★		▲	△	△	△
抽样和样品处置		★		▲	△	△	△
结果质量控制	△	△	★	▲	▲	▲	▲
结果报告	△	★	△	▲			

注:★主管人员;▲主要负责部门;△协办部门。

三、质量体系文件

(一)含义

质量体系文件是实验室检验工作的依据,是实验室内部的法规性文件。

(二)质量体系文件的特点

1. 法规性

质量体系文件一旦批准实施,就必须认真执行;文件如需修改,须按规定的程序进行;文件也是评价质量体系实际运作的依据。

2. 唯一性

一个实验室只能有唯一的质量体系文件系统,一般一项活动只能规定唯一的程序;一项规定只能有唯一的理解;不能使用文件的无效版本。

3. 适用性

质量体系文件的设计和编写没有统一的标准化格式,要注意其适用性和可操作性。

(三)质量体系文件的层次

质量体系的文件一般包括:质量手册、程序文件、作业指导书、其他质量文件。

质量体系文件的层次划分一般为三个或四个层次,实验室可根据自身的检验工作需要和习惯加以规定。

质量体系文件中的上下层文件要相互衔接、前后呼应,内容要求一致,不能有矛盾。

质量体系文件的层次可根据实验室的具体情况和习惯进行划分,通常习惯划分为三或四层次,如图2-2和图2-3所示。

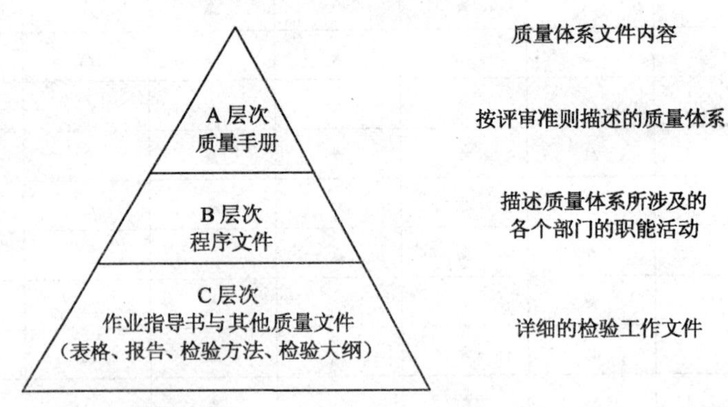

图2-2　按三层次划分质量体系文件

四、资质认定形式的区别

资质认定的形式包括计量认证和审查认可。

计量认证是指国家认监委和地方质检部门依据有关法律、行政法规的规定,对为社会提供公证数据的产品质量检验机构的计量检定、测试设备的工作性能、工作环境和人员的操作技能和保证量值统一、准确的措施及检测数据公正可靠的质量体系能力进行的考核。

审查认可是指国家认监委和地方质检部门依据有关法律、行政法规的规定，对承担产品是否符合标准的检验任务和承担其他标准实施监督检验任务的检验机构的检测能力以及质量体系进行的审查。

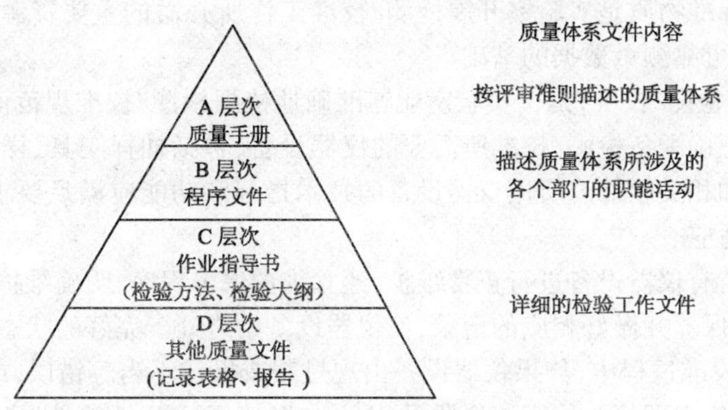

图2-3　按四层次划分质量体系体系文件

以上两种形式的区别见表2-9。

计量认证、审查认可区别和联系表　　表2-9

名　称	计量认证	审查认可
目的	提高检测机构（实验室）的管理水平和技术能力	提高检测机构（实验室）的管理水平和技术能力
法律效力	国家对质检机构实施的法律管理范围是强制性的，未经计量认证的质检机构不得向社会出具公证数据，是具有中国特点的政府对实验室的强制认可	国家对质检机构实施的法律管理范围是强制性的，是政府部门对于其授权检测站的资质认可，未经审查认可的质检机构不得承担产品的质量检验工作
对象	第三方实验室，个别第二方实验室	第三方实验室
类型	两级认证（国家和省）	两级认证（国家和省）
申请条件	实验室和检查机构满足法律地位、独立性和公正性、安全、环境、人力资源、设施、设备、程序和方法、质量体系和财务等方面的要求	除了计量认证的条件外，同时需要和当地质量技术监督局协调是否能够授权（一般情况下，审查认可机构都具备了计量认证的资质）
实施	国家认监委和省质量技术监督部门	国家认监委和省质量技术监督部门
互认性	政府管理行为	政府管理行为
考核内容	《实验室资质认定评审准则》（国认实函〔2006〕141号）	《实验室资质认定评审准则》（国认实函〔2006〕141号）
结果	发证书，标识为CMA	发证书，标识为CAL

注：1. 第一方、第二方实验室是组织内的实验室，检测/校准自己生产的产品，数据为己所用，目的是提高和控制供方产品质量。

2. 第三方实验室则是独立于第一方和第二方，为社会提供检测/校准服务的实验室，数据为社会所用，目的是提高和控制社会产品质量。

五、仪器设备和标准物质管理

仪器设备和标准物质是实验室开展检测/校准工作所必需的重要资源，也是保证检测/校准工作质量、获取可靠测量数据的基础。

(1)正确进行检测/校准，是指实验室能够准确地依据检测/校准规范而进行的检测/校准活动。实验室应正确配备检测/校准所需要的仪器设备，包括抽样工具、样品制备和数据处理需用的仪器设备和相关软件。所用仪器设备的技术指标和功能应满足要求，量程应与被测参数的技术指标相适应。

实验室应对所有仪器设备进行正常维护，建立维护保养程序，明确维护仪器项目和保养周期，定期进行维护保养并做好相应的记录，使仪器设备始终处于完好的状态。

(2)在检测/校准过程中，如果仪器设备出现过载或操作不当等错误，或已显示出缺陷、超出规定限度，这时应立即停止使用该仪器设备，并加贴停用标识，避免误用。有条件的实验室，应将该出现问题的仪器设备存放在合适的地方直至修复。修复后的设备为确保其性能和技术指标符合要求，必须经检定、校准等方式证明功能指标已恢复方可投入使用。实验室还应对这些缺陷或偏离规定的极限对过去进行的检测/校准造成的影响进行追溯，发现不合格，应按“不符合工作的控制程序”进行处置，必须时应通知客户，以确保检测/校准工作的质量和为客户提供可信任的数据。

(3)实验室在检测/校准工作中，特别是现场检测，可能会以租用、借用或利用客户的设备等方式使用本实验室永久控制范围以外的仪器设备，《实验室资质认定评审准则》(以下称《评审准则》)对此规定了必须限制在使用频次低、价格昂贵或特殊的检测设备的范围。使用这些设备应符合《评审准则》的相关要求，即仪器设备的性能和技术指标符合被检参数的要求且经检定或校准合格。由于实验室不具备检测/校准这些参数的设备能力，实验室在其结果或报告中应予注明。

实验室应当区别《评审准则》中该条款和分包的异同点，分包的范围也是限制在上述三类设备范围内，但分包参数是按协议由分包方实施检测和提供结果/报告；而租用、借用或利用客户的设备则是由实验室的检测/校准人员自己操作、记录和出具结果/报告。

(4)实验室应当明确规定检测/校准人员的岗位职责、工作范围和所使用的仪器设备，一般不允许使用由他人管理的仪器设备。要强调的是针对重要的、关键的仪器设备、操作技术复杂的大型仪器设备，应由专门指定(以授权方式体现)的操作人员操作，操作者应经过培训考核，持证上岗。未经指定的人员不得动用该设备。有关设备使用和维护的作用指导书应现行有效，并便于有关人员取用。实验室应保证仪器设备处于良好的工作状态。

(5)对实验室建立仪器设备档案的要求主要是针对检测/校准有重要影响的仪器设备和主要仪器设备，应以一台一档的方式建立档案，这样的档案应包含该仪器设备的基本信息，如同检测人员的技术档案一样，实施动态管理，及时补充相关的信息量和资料内容。同类的多只小型计量器具如百分表则可建立一个档案，集中存放相关材料。

(6)所有仪器设备及其软件、标准物质均应有明显的标识来表明其状态。若这种做法不可行，如密度计无法加贴标识，可以通过包装盒上加贴标识并严格实施包装盒与密度计的对应管理来实现。

仪器设备的标识管理是检查仪器设备处于受控管理的措施之一。实验室所有的仪器设备应实施标识管理。

仪器设备的状态标识分为“合格”、“准用”和“停用”三种，通常以“绿”、“黄”、“红”三种颜色表示，具体标志为：

①合格标志（绿色）：经计量检定或校准、验证合格，确认其符合检测/校准技术规范规定的使用要求的仪器设备。

②准用标志（黄色）：仪器设备存在部分缺陷，但在限定范围内可以使用的（即受限使用的），包括：多功能检测设备，某些功能丧失，但检测所用功能正常，且检定校准合格者；测试设备某一量程准确度不合格，但检验（检测）所用量程合格者；降等降级后使用的仪器设备。

③停用标志（红色）：仪器设备目前状态不能使用，但经检定校准或修复后可以使用的，不是实验室不需要的废品杂物。废品杂物应予清理，以保持实验室的整洁。停用包括：仪器设备损坏者；仪器设备经检定校准不合格者；仪器设备性能无法确定者；仪器设备超过周期未检定校准者；不符合检测/校准技术规范规定的使用要求者。

④状态标识中应包含必要的信息，如检定/校准日期、有效期，检定/校准单位、设备自编号、使用人等。

(7)设备脱离实验室的直接控制期间的状况是不确定的，所以在这类设备返回后，实验室须对其进行功能和校准状态检查并显示满意的结果方可恢复使用。

(8)“期间核查”是《评审准则》的重要内容，针对的是在用仪器设备。

①关于期间核查的概念。期间核查不是一般的功能检查，更不是缩短检定/校准周期，其目的是在两次正式校准/检定的间隔期间防止使用不符合技术规范要求的设备。

②期间核查的重点。期间核查的对象主要是性能不够稳定、漂移率大的、使用非常频繁的和经常携带运输到现场检测以及在恶劣环境下使用的仪器设备。不是所有的设备都要进行期间核查，对无法寻找核查标准（物质）（如破坏性试验）的仪器设备也无法进行期间核查。

③开展期间核查的方法是多样的，基本上以等精度核查的方式进行，如仪器间的比对、方法比对、标准物质验证、加标回收、单点自校等都是可以采用的。更多的期间核查是通过核查标准来实现的，所谓核查标准是指用来代表被测对象的一种相对稳定的仪器、产品或其他物体。它的量限、准确度等级都应接近于被测对象，而它的稳定性要比实际的被测对象好。核查标准本身也应进行校准和确认。

④实验室进行期间核查后，应对数据进行分析和评价，以求真正达到期间核查要求的目的。对经分析发现仪器设备已经出现较大偏离，可能导致检测结果不可靠时，应按相关规定处理，直到经证实的结果是满意时方可投入使用。

⑤实验室应编制期间核查程序，确定核查清单，按计划和程序要求实施。

(9)实验室使用未经定型的专用检测仪器，需提供技术机构对该设备的验证证明，以增强该设备出具数据的可信度。其方法有：使用有证标准物质（参考物质）来给出可靠的物理或化学特性；可以通过三台以上同类仪器设备对可分割的同一样品进行比对；用于综合性检验的仪器设备，可通过对该设备的基本参数的校验来进行。如这类仪器带有自校程序，还必须包括用自校程序进行自校等。对未经定型的专用仪器设备，在资质认定时，应当检查该仪器设备是否经具备资格的检定或校准部门验证其可靠性，经验证符合要求的，方可作为实验室的能力加以认定。

六、记录

记录是阐明所取得的结果或提供所完成活动的证据的文件。

(1)实验室应建立符合现行有关法律法规和规章制度(例如档案法等)并适合于自身实际情况的记录制度。

(2)应明文规定各类质量记录,检测记录的管理要求及保管期限,尤其是对原始观察记录、计算和导出数据记录以及检测报告等副本应及时整理、归档,妥善保管。

(3)每次检测的原始记录格式中应包含足够的信息项目,除标准、规范等规定的必需信息外,通常还应包括:检测样品的信息(如样品名称、规格型号、编号以及抽样、制备样和送检单位、人员、日期等)、检测仪器设备的信息(如名称、规格型号、准确度、测量范围、有效期)、检测地点、环境条件、日期、依据以及检测员、核验员的签字。根据这些信息应能再现检测过程。

(4)原始记录格式应固定并受控,记录应认真、及时、准确,应用钢笔或签字笔。记录应经仔细校核。

(5)原始记录的更改应有明确详细的规定,严禁涂改,应由检测员在错误处轻划两杠,在其上方进行正确记录,并加盖修改人印章。

(6)实验室所有归档的记录应按记录制度的规定,做到安全储存、妥善保管,同时注意保护委托方的机密和所有权不受损害。

七、检测报告

检测报告是实验室检测工作的最终产品,也是实验室工作能力和质量的集中体现。检测报告的准确性和可靠性,直接关系到委托方的切身利益,也关系到实验室自身的形象和信誉。因此:

(1)实验室完成的每项或每一系列检测的结果,均应按照检测方法的规定,准确、清晰、明确、客观地在检测报告中表述,并应采用法定计量单位。检测报告信息应全面、完整,特别应包含对采用的方法和检测结果予以说明的信息(如非标准方法、分包)。

(2)证书或检测报告至少应包括以下几个方面的信息:

①标题,例如“检测报告”;

②实验室的名称、地址,进行检测的地点(如果与实验室地址不同);

③检测报告的唯一性标识(如编号)和共×页,第×页的标识;

④委托方的名称和地址(如果适用);

⑤被检样品的说明和明确标识;

⑥被检样品的特性和状态;

⑦检测样品的接收日期和进行检测的日期(如果适用);

⑧对所采用检测方法包括对采用的任何非标准方法的明确说明;

⑨涉及的抽样程序;

⑩对检测方法的任何偏离、增加或减少以及其他任何与特定的检测有关的信息,如环境条件等;

⑪测量、检查和导出的结果(适当地辅以图表和照片加以说明);

⑫对估算的检测结果不确定度的说明(如果适用);

⑬对检测报告(不管形式如何)内容负责的人员的签字、职务或等效标识,以及签发日期;

⑭作出"本检测结果仅对所检样品有效"的声明(如果适用);

⑮未经实验室批准,不得复制检测报告(完整复制的除外)的声明;

⑯其他说明,如申诉提出、质量监督电话及样品退回(如果适用)等。

(3)如果检测项目系分包给分包实验室,则分包实验室的检测报告只能作为实验室的原始记录,实验室所出具的检测报告应包含分包方的检测结果,且应明确地标明,必要时,可以详细说明。

(4)实验室所用检测报告应精心设计编排,科学合理,有关数据、结论用语的表达应使读者易于理解,不同项目的检测报告格式可专门设计(有国际通用的报告格式应注意收集并吸收应用),但标题应尽可能标准化。填写应认真、规范,严禁涂改。

(5)若实验室对发出的检测报告作重大修改,应以重新颁发的方式,或采用对"编号为××××的检测报告"作出补充说明或以检测数据修改单的方式。

检测报告的修改在质量文件中应有相应的规定,并符合《评审准则》的要求。

(6)当发现诸如检测仪器设备有缺陷等情况,而对任何检测报告、检测报告修改单等所给出的检测结果的有效性产生怀疑时,实验室应分析原因,确需告之委托方时,应及时以书面的形式通知委托方。

(7)当委托方要求用电话、电传、图文传真或其他电磁设备传送检测结果时,实验室应制定相应的程序,并保证其工作人员遵守文件化的程序,保护委托方的机密和所有权。

《公路试验检测数据报告编制导则》(JT/T 828—2012)中对公路试验检测数据报告编制作了具体要求,其内容如下:

1)范围

本标准适用于公路工地试验室及等级试验室的试验检测原始记录及报告格式编制。

2)分类

公路试验检测数据报告分为公路试验检测试验记录表和公路试验检测报告两种表格类型。

3)格式与要素(表2-10)

要素的构成、位置与表征内容　　表2-10

要素名称	要素构成	编制位置	表征内容
管理要素	标题区,又称"表头"	表格区外部上方	记录表/检测报告表格的属性信息
	落款区	表格区外部下方	记录表/检测报告的签署信息
	检验对象信息区	表格区上部	被检对象信息及试验检测条件信息
	附加声明区,又称"备注"	表格区底部	试验过程中需补充说明的信息
技术要素	检验对象属性区(仅用于检测报告)	表格区中部偏上位置	被检对象的专属信息
	检验数据区	表格区中部偏下位置,"附加声明区"上方	记录表:记录试验过程中的原始数据及导出/处理结果
			检测报告:检测结果与结论等信息

4)试验记录表和报告编制要求(表2-11)

试验记录表和检测报告各要素编制要求　　表 2-11

要素内容	信息明细	试验记录表填写要求	检测报告表填写要求
标题区	表格名称	位于标题区第一行居中位置，一般为“项目名称”+“参数名称”+“试验记录表”的形式。注意多测试方法、多项目、多参数等五种可能出现的特殊情况	由单一记录表导出的检测报告，其命名方式同记录表，仅将“试验记录表”变更为“试验检测报告”；由多个记录表导出的检测报告，依据试验参数具体组成，优先以项目名称命名检测报告名称
	唯一性标识编码	明确四段位的编码规则（详见注）	明确四段位的编码规则（详见注）
	试验室名称	位于表格页眉处，靠右对齐	位于标题区第二行位置，靠左对齐
	记录编号（报告编号）	与“试验室名称”同处一行试验室自行编制，用于试验参数、试验过程的识别	与“试验室名称”同处一行试验室自行编制，用于报告识别
	页码	位于表格页眉处，靠右对齐，以“第×页，共×页”的形式表示	同记录表填写要求
检验对象信息区	施工/委托单位	无此项	为二选一填写项，宜填写施工单位名称
	工程名称	无此项	本报告测试范围内建设项目的名称
	工程部位/用途	为二选一填写项，明确被检对象在工程中的具体位置时，填桩号；当指明数据报告结果的具体用途时，填相关信息	同记录表填写要求
	委托/任务编号	试验室自行编制，用于表示委托任务的唯一性编号	同记录表填写要求
	样品名称	按规范要求填写	无此项
	样品描述	描述样品结构、形状、颜色、数量等	同记录表填写要求
	样品编号	试验室自行编制，用于区分每件独立样品的唯一性编号	同记录表填写要求
	试验条件	描述试验时的环境条件	无此项
	试验依据	试验时所依据的现行有效的标准、规程或其他技术文件	同记录表填写要求
	判定依据	无此项	判定试验结果合格与否所依据的标准、规程或其他技术文件
	试验日期	为试验的起止时间，以时间段或时间点表示	无此项
	主要仪器设备及标号	试验时所用主要仪器设备信息	同记录表填写要求
检验数据区		要求充分信息，以便在接近原来的情况下能够重复； 保留数据处理过程、导出过程、数据修约等； 给出测试结果，需要时给出相关图表结果	填写本报告包含的检测项目，依据中相应检测项目的要求，本检测项目的单向测试结果，本检测项目的单向结果的符合性判定，本检测报告所含测试项目的检测结果，应包含合格与否的判定

续上表

要素内容	信息明细	试验记录表填写要求	检测报告表填写要求
附加声明区	备注	试验检测过程的特殊声明、其他鉴证方签认、需补充说明的事项等	对试验检测的依据、方法、条件等偏离情况的声明以及其他需要补充说明的事项
落款区		由试验、复核人员签名和试验记录表的完成日期组成,完成日期以××××年××月××日表示	由"试验"、"审核"、"签发"、"日期"、"专用章"五部分组成

注:唯一性标识编码要求:

1. 试验记录表唯一性标识编码:用以区分试验记录表格的管理编码,具有唯一性,与表格名称同处一行,靠右对齐。试验记录表唯一性标识编码采用2+2+2+1四段位的编码形式,即用"专业编码"+"项目编码"+"参数编码"+"方法区分码"的形式表示,示意结构如下。

$$\underset{\text{专业编码}}{\underline{\times J}}\ \underset{\text{项目编码}}{\underline{\times\times}}\ \underset{\text{参数编码}}{\underline{\times\times}}\ \underset{\text{方法区分码}}{\underline{\times}}$$

各段位的编制要求为:

——专业编码:由两位大写的英文字母组成。第一位大写的英文字母用于区分专业类别,用J、Q、A分别代表公路工程、桥梁隧道工程、交通工程专业;第二位大写英文字母为J,代表试验记录表;

——项目编码:由两位数字组成,采用01~99的形式;

——参数编码:由两位数字组成。用等级标准中与项目对应的"参数"栏内各参数的顺序号表示,采用01~99的形式;多参数试验记录表,该段位为排在前面的参数的顺序号;

——方法区分码:由一位小写英文字母组成,采用a~z(i,o,l除外)的形式,用于区分同一参数的不同试验方法。

2. 检测报告唯一性标识编码:检测报告唯一性编码采用2+2+2+2四段位的编码形式,即用"专业编码"+"分类编码"+"项目编码"+格式区分码的形式表示,示意结构如下。

$$\underset{\text{专业编码}}{\underline{\times B}}\ \underset{\text{分类编码}}{\underline{\times\times}}\ \underset{\text{项目编码}}{\underline{\times\times}}\ \underset{\text{格式区分码}}{\underline{\times}}$$

各段位的编制要求为:

——专业编码:由两位大写字母组成,第一位大写字母用于区分专业类别,用J、Q、A分别代表公路工程、桥梁隧道工程、交通工程专业,第二位大写字母为B,代表报告;

——分类编码:由两位阿拉伯数字01、02、03组成,分别代表材料类报告、现场试验报告、特殊参数报告;

——项目编码:由两位数字组成,用等级标准中的"综合甲级"、"桥梁隧道工程专项"、"交通工程专项"中项目序号表示,采用01~99的形式;

——格式区分码:由两位数字组成,采用01~99的形式,为本项目试验检测报告的流水序号。

八、样品管理

检验样品的处置是检测过程的重要一环,它涉及样品接收状态、样品检测要求、样品标识系统和样品的储存等重要内容。

(1)实验室对样品接收应有专人负责检查、登记。属于委托检验时,样品管理员与客户办理委托手续,填写委托单,如客户有特殊要求,应报请技术主管进行合同评审。应检查样品的安全警示、外貌特征、数量、附件、要求(储存条件、处置要求、维护要求、检验说明、保密及是否退样等)。对于抽样检验,检查样品是否符合抽样单的记录,封样部位是否完好,是否与标准状态有所偏离,同样应做好详细记录。样品有包装的,必须打开包装检查。样品不得出现与正常(或正规)条件的偏离。

(2)实验室建立样品唯一标识系统是样品管理的关键环节,它是每个样品在检测/校准过程中识别和记录的唯一的标记。样品除物类标识外,还应有状态标识,表明该样品的检测/校准状态,是待检,检毕,还是留样。对于同批样品,该批样品应有同一编号,并对个体再细分编序号;如样品有附件,则附件与主体必须采用同一编号,并注明每一附件的序号;如在实验室之外传递时(如分包),同样要做好唯一性标识。在标识上可给出被测件的所有者、特殊检测要求以及特殊处理或其他详细要求。建立唯一标识系统的目的是确保样品在实验室自始至终不会发生混淆。标识的第二个作用是实现样品的可追溯性。

(3)实验室应有适当的设施条件,确保样品在储存、搬运、准备和检测中不发生变质或损坏,也不会影响到检测结果的完整性。储存环境条件应与样品要求相符,如通风、防潮、控温、清洁等,还应做好记录。当样品及其部件需妥善保存时,实验室应有储存和安全的措施,保持样品及其部件的状态完好,这点对承担检测认证产品的实验室特别重要。样品应规定保存期限。对仲裁检验,样品需留样,以备在客户有争议时复测。对于价值昂贵的样品,更需保险、防盗,并在程序中有相应的防护规定。有些样品上有可调部位,如在样品流转过程中有人随意触动这些部分,可导致校准失效,因此,在可调部位应贴上封印。

(4)实验室应保存样品在实验室中的整个周期内的流转记录,以备核查。

九、计量认证和交通试验检测等级印章的含义及正确使用

(一)计量认证

计量认证标志为英文字母 CMA 组成的 C 为外框的图形标志,CMA 由英文 ChinaMetrology Accreditation 三个单词的第一个大写字母组成,含义为“中国计量认证”。

计量认证标志的使用规定:

(1)通过计量认证的实验室,允许在通过的检测项目的检测报告封面的左上方加盖 CMA 标志,并在标志下面加印计量认证证书编号。

(2)计量认证标志允许按比例放大或缩小尺寸,但其形状不能随意改变。

(3)计量认证证书编号的字号和尺寸可以自定。

(4)其他地方使用计量认证标志,必须遵守上述使用规定。

(二)交通检测等级印章

公路水运试验检测机构标志字母为 J。

所有等级试验机构在其业务范围内出具的试验检测报告都应在试验检测报告的右上角加盖“公路水运试验检测机构”专用标识。

十、公路水运工程试验检测安全管理的基本要求

(一)《公路水运工程安全生产监督管理办法》

交通运输部《公路水运工程安全生产监督管理办法》有关条文如下:

第一条 为加强公路水运工程安全生产监督管理工作,保障人身及财产安全,根据《中华人民共和国安全生产法》、《建设工程安全生产管理条例》、《安全生产许可证条例》,制定本办法。

第八条 施工单位应当取得安全生产许可证,施工单位的主要负责人、项目负责人、专项

安全生产管理人员(以下简称安全生产三类管理人员)必须取得考核合格证书,方可参加公路水运工程投标及施工。

施工单位主要负责人,是指对本企业日常生产经营活动和安全生产工作全面负责、有生产经营决策权的人员,包括企业法定代表人、企业安全生产工作的负责人等。

项目负责人,是指由企业法定代表人授权,负责公路水运工程项目施工管理的负责人。包括项目经理、项目副经理和项目总工。

专职安全生产管理人员,是指在企业专职从事安全生产管理工作的人员,包括企业安全生产管理机构的负责人及其工作人员和施工现场专职安全员。

第十条 施工单位安全生产三类人员考核分为安全生产知识考试和安全管理能力考核两部分。考核合格的,由交通运输部或省级交通主管部门颁发《安全生产考核合格证书》。

第十一条 施工单位的垂直运输机械作业人员、施工船舶作业人员、爆破作业人员、安装拆卸工、起重信号工、电工、焊工等国家规定的特种作业人员,必须按照国家规定经过专门的安全作业培训,并取得特种作业操作资格证书后,方可上岗作业。

第二十一条 施工单位应当设立安全生产管理机构,配备专职安全生产管理人员。施工现场应当按照每5 000万元施工合同额配备一名的比例配备专职安全生产管理人员,不足5 000万元的至少配备一名。

第二十二条 施工单位在工程报价中应当包含安全生产费用,一般不得低于投标价的1%,且不得作为竞争性报价。

第二十七条 施工单位应当向作业人员提供必需的安全防护用具和安全防护服装,书面告知危险岗位的操作规程并确保其熟悉和掌握有关内容和违章操作的危害。

作业人员有权对施工现场的作业条件、作业程序和作业方式中存在的安全问题提出批评、检举和控告,有权拒绝违章指挥和强令冒险作业。

在施工中发生可能危及人身安全的紧急情况时,作业人员有权立即停止作业或者在采取必要的应急措施后撤离危险区域。

第二十八条 作业人员应当遵守安全施工的工程建设强制性标准、规章制度,正确使用安全防护用具、机械设备等。

第三十条 施工单位应当对管理人员和作业人员进行每年不少于两次的安全生产教育培训,其教育培训情况记入个人工作档案。

施工单位在采用新技术、新工艺、新设备、新材料时,应当对作业人员进行相应的安全生产教育培训。

新进人员和作业人员进入新的施工现场或者转入新的岗位前,施工单位应当对其进行安全生产培训考核。

未经安全生产教育培训考核或者培训考核不合格的人员,不得上岗作业。

第三十一条 施工单位应当为施工现场的人员办理意外伤害保险,意外伤害保险费应由施工单位支付。实行施工总承包的,由总承包单位支付意外伤害保险费。

(二)《建设工程安全生产管理条例》

《建设工程安全生产管理条例》有关条文如下:

第一条 为了加强建设工程安全生产监督管理,保障人民群众生命和财产安全,根据《中华人民共和国建筑法》、《中华人民共和国安全生产法》,制定本条例。

第二条 在中华人民共和国境内从事建设工程的新建、扩建、改建和拆除等有关活动及实施对建设工程安全生产的监督管理，必须遵守本条例。

本条例所称建设工程，是指土木工程、建筑工程、线路管道和设备安装工程及装修工程。

第三条 建设工程安全生产管理，坚持安全第一、预防为主的方针。

第四条 建设单位、勘察单位、设计单位、施工单位、工程监理单位及其他与建设工程安全生产有关的单位，必须遵守安全生产法律、法规的规定，保证建设工程安全生产，依法承担建设工程安全生产责任。

建设单位的安全责任：

第六条 建设单位应当向施工单位提供施工现场及毗邻区域内供水、排水、供电、供气、供热、通信、广播电视等地下管线资料，气象和水文观测资料，相邻建筑物和构筑物、地下工程的有关资料，并保证资料的真实、准确、完整。

第七条 建设单位不得对勘察、设计、施工、工程监理等单位提出不符合建设工程安全生产法律、法规和强制性标准规定的要求，不得压缩合同约定的工期。

第九条 建设单位不得明示或者暗示施工单位购买、租赁、使用不符合安全施工要求的安全防护用具、机械设备、施工机具及配件、消防设施和器材。

勘察、设计、工程监理及其他有关单位的安全责任：

第十二条 勘察单位应当按照法律、法规和工程建设强制性标准进行勘察，提供的勘察文件应当真实、准确，满足建设工程安全生产的需要。

勘察单位在勘察作业时，应当严格执行操作规程，采取措施保证各类管线、设施和周边建筑物、构筑物的安全。

第十三条 设计单位应当按照法律、法规和工程建设强制性标准进行设计，防止因设计不合理导致生产安全事故的发生。

设计单位应当考虑施工安全操作和防护的需要，对涉及施工安全的重点部位和环节在设计文件中注明，并对防范生产安全事故提出指导意见。

采用新结构、新材料、新工艺的建设工程和特殊结构的建设工程，设计单位应当在设计中提出保障施工作业人员安全和预防生产安全事故的措施建议。

设计单位和注册建筑师等注册执业人员应当对其设计负责。

第十四条 工程监理单位应当审查施工组织设计中的安全技术措施或者专项施工方案是否符合工程建设强制性标准。

工程监理单位在实施监理过程中，发现存在安全事故隐患的，应当要求施工单位整改；情况严重的，应当要求施工单位暂时停止施工，并及时报告建设单位。施工单位拒不整改或者不停止施工的，工程监理单位应当及时向有关主管部门报告。

工程监理单位和监理工程师应当按照法律、法规和工程建设强制性标准实施监理，并对建设工程安全生产承担监理责任。

第十五条 为建设工程提供机械设备和配件的单位，应当按照安全施工的要求配备齐全有效的保险、限位等安全设施和装置。

第十六条 出租的机械设备和施工机具及配件，应当具有生产（制造）许可证、产品合格证。

出租单位应当对出租的机械设备和施工机具及配件的安全性能进行检测，在签订租赁协议时，应当出具检测合格证明。

禁止出租检测不合格的机械设备和施工机具及配件。

施工单位的安全责任：

第二十条 施工单位从事建设工程的新建、扩建、改建和拆除等活动，应当具备国家规定的注册资本、专业技术人员、技术装备和安全生产等条件，依法取得相应等级的资质证书，并在其资质等级许可的范围内承揽工程。

第二十一条 施工单位主要负责人依法对本单位的安全生产工作全面负责。施工单位应当建立健全安全生产责任制度和安全生产教育培训制度，制定安全生产规章制度和操作规程，保证本单位安全生产条件所需资金的投入，对所承担的建设工程进行定期和专项安全检查，并做好安全检查记录。

施工单位的项目负责人应当由取得相应执业资格的人员担任，对建设工程项目的安全施工负责，落实安全生产责任制度、安全生产规章制度和操作规程，确保安全生产费用的有效使用，并根据工程的特点组织制定安全施工措施，消除安全事故隐患，及时、如实报告生产安全事故。

监督管理：

第三十九条 国务院负责安全生产监督管理的部门依照《中华人民共和国安全生产法》的规定，对全国建设工程安全生产工作实施综合监督管理。

县级以上地方人民政府负责安全生产监督管理的部门依照《中华人民共和国安全生产法》的规定，对本行政区域内建设工程安全生产工作实施综合监督管理。

生产安全事故的应急救援和调查处理：

第四十七条 县级以上地方人民政府建设行政主管部门应当根据本级人民政府的要求，制定本行政区域内建设工程特大生产安全事故应急救援预案。

第四十九条 施工单位应当根据建设工程施工的特点、范围，对施工现场易发生重大事故的部位、环节进行监控，制定施工现场生产安全事故应急救援预案。实行施工总承包的，由总承包单位统一组织编制建设工程生产安全事故应急救援预案，工程总承包单位和分包单位按照应急救援预案，各自建立应急救援组织或者配备应急救援人员，配备救援器材、设备，并定期组织演练。

第五十条 施工单位发生生产安全事故，应当按照国家有关伤亡事故报告和调查处理的规定，及时、如实地向负责安全生产监督管理的部门、建设行政主管部门或者其他有关部门报告；特种设备发生事故的，还应当同时向特种设备安全监督管理部门报告。接到报告的部门应当按照国家有关规定，如实上报。

实行施工总承包的建设工程，由总承包单位负责上报事故。

第五十一条 发生生产安全事故后，施工单位应当采取措施防止事故扩大，保护事故现场。需要移动现场物品时，应当做出标记和书面记录，妥善保管有关证物。

法律责任：

第五十三条 违反本条例的规定，县级以上人民政府建设行政主管部门或者其他有关行政管理部门的工作人员，有下列行为之一的，给予降级或者撤职的行政处分；构成犯罪的，依照刑法有关规定追究刑事责任：

（一）对不具备安全生产条件的施工单位颁发资质证书的；

（二）对没有安全施工措施的建设工程颁发施工许可证的；

（三）发现违法行为不予查处的；

（四）不依法履行监督管理职责的其他行为。

第六十六条 违反本条例的规定，施工单位的主要负责人、项目负责人未履行安全生产管理职责的，责令限期改正；逾期未改正的，责令施工单位停业整顿；造成重大安全事故、重大伤亡事故或者其他严重后果，构成犯罪的，依照刑法有关规定追究刑事责任。

作业人员不服管理、违反规章制度和操作规程冒险作业造成重大伤亡事故或者其他严重后果，构成犯罪的，依照刑法有关规定追究刑事责任。

（三）《危险化学品安全管理条例》

《危险化学品安全管理条例》有关条文如下：

第一条 为了加强危险化学品的安全管理，预防和减少危险化学品事故，保障人民群众生命财产安全，保护环境，制定本条例。

第二条 危险化学品生产、储存、使用、经营和运输的安全管理，适用本条例。

废弃危险化学品的处置，依照有关环境保护的法律、行政法规和国家有关规定执行。

第三条 本条例所称危险化学品，是指具有毒害、腐蚀、爆炸、燃烧、助燃等性质，对人体、设施、环境具有危害的剧毒化学品和其他化学品。

危险化学品目录，由国务院安全生产监督管理部门会同国务院工业和信息化、公安、环境保护、卫生、质量监督检验检疫、交通运输、铁路、民用航空、农业主管部门，根据化学品危险特性的鉴别和分类标准确定、公布，并适时调整。

第四条 危险化学品安全管理，应当坚持安全第一、预防为主、综合治理的方针，强化和落实企业的主体责任。

生产、储存、使用、经营、运输危险化学品的单位（以下统称危险化学品单位）的主要负责人对本单位的危险化学品安全管理工作全面负责。

危险化学品单位应当具备法律、行政法规规定和国家标准、行业标准要求的安全条件，建立、健全安全管理规章制度和岗位安全责任制度，对从业人员进行安全教育、法制教育和岗位技术培训。从业人员应当接受教育和培训，考核合格后上岗作业；对有资格要求的岗位，应当配备依法取得相应资格的人员。

第五条 任何单位和个人不得生产、经营、使用国家禁止生产、经营、使用的危险化学品。

国家对危险化学品的使用有限制性规定的，任何单位和个人不得违反限制性规定使用危险化学品。

第六条 对危险化学品的生产、储存、使用、经营、运输实施安全监督管理的有关部门（以下统称负有危险化学品安全监督管理职责的部门），依照下列规定履行职责。

交通运输主管部门负责危险化学品道路运输、水路运输的许可以及运输工具的安全管理，对危险化学品水路运输安全实施监督，负责危险化学品道路运输企业、水路运输企业驾驶人员、船员、装卸管理人员、押运人员、申报人员、集装箱装箱现场检查员的资格认定。铁路主管部门负责危险化学品铁路运输的安全管理，负责危险化学品铁路运输承运人、托运人的资质审批及其运输工具的安全管理。民用航空主管部门负责危险化学品航空运输以及航空运输企业及其运输工具的安全管理。

负有危险化学品安全监督管理职责的部门依法进行监督检查，监督检查人员不得少于2人，并应当出示执法证件。

生产、储存安全：

第十二条 新建、改建、扩建生产、储存危险化学品的建设项目（以下简称建设项目），应当由安全生产监督管理部门进行安全条件审查。

第十三条 生产、储存危险化学品的单位，应当对其铺设的危险化学品管道设置明显标志，并对危险化学品管道定期检查、检测。

第十五条 危险化学品生产企业应当提供与其生产的危险化学品相符的化学品安全技术说明书，并在危险化学品包装（包括外包装件）上粘贴或者拴挂与包装内危险化学品相符的化学品安全标签。化学品安全技术说明书和化学品安全标签所载明的内容应当符合国家标准的要求。

第二十四条 危险化学品应当储存在专用仓库、专用场地或者专用储存室（以下统称专用仓库）内，并由专人负责管理；剧毒化学品以及储存数量构成重大危险源的其他危险化学品，应当在专用仓库内单独存放，并实行双人收发、双人保管制度。

危险化学品的储存方式、方法以及储存数量应当符合国家标准或者国家有关规定。

第二十五条 储存危险化学品的单位应当建立危险化学品出入库核查、登记制度。

对剧毒化学品以及储存数量构成重大危险源的其他危险化学品，储存单位应当将其储存数量、储存地点以及管理人员的情况，报所在地县级人民政府安全生产监督管理部门（在港区内储存的，报港口行政管理部门）和公安机关备案。

第二十六条 危险化学品专用仓库应当符合国家标准、行业标准的要求，并设置明显的标志。储存剧毒化学品、易制爆危险化学品的专用仓库，应当按照国家有关规定设置相应的技术防范设施。

储存危险化学品的单位应当对其危险化学品专用仓库的安全设施、设备定期进行检测、检验。

第二十七条 生产、储存危险化学品的单位转产、停产、停业或者解散的，应当采取有效措施，及时、妥善处置其危险化学品生产装置、储存设施以及库存的危险化学品，不得丢弃危险化学品；处置方案应当报所在地县级人民政府安全生产监督管理部门、工业和信息化主管部门、环境保护主管部门和公安机关备案。安全生产监督管理部门应当会同环境保护主管部门和公安机关对处置情况进行监督检查，发现未依照规定处置的，应当责令其立即处置。

使用安全：

第二十八条 使用危险化学品的单位，其使用条件（包括工艺）应当符合法律、行政法规的规定和国家标准、行业标准的要求，并根据所使用的危险化学品的种类、危险特性以及使用量和使用方式，建立、健全使用危险化学品的安全管理规章制度和安全操作规程，保证危险化学品的安全使用。

运输安全：

第四十三条 从事危险化学品道路运输、水路运输的，应当分别依照有关道路运输、水路运输的法律、行政法规的规定，取得危险货物道路运输许可、危险货物水路运输许可，并向工商行政管理部门办理登记手续。

危险化学品道路运输企业、水路运输企业应当配备专职安全管理人员。

危险化学品登记与事故应急救援：

第六十六条 国家实行危险化学品登记制度，为危险化学品安全管理以及危险化学品事故预防和应急救援提供技术、信息支持。

第六十七条 危险化学品生产企业、进口企业,应当向国务院安全生产监督管理部门负责危险化学品登记的机构(以下简称危险化学品登记机构)办理危险化学品登记。

危险化学品登记包括下列内容:

(一)分类和标签信息;

(二)物理、化学性质;

(三)主要用途;

(四)危险特性;

(五)储存、使用、运输的安全要求;

(六)出现危险情况的应急处置措施。

对同一企业生产、进口的同一品种的危险化学品,不进行重复登记。危险化学品生产企业、进口企业发现其生产、进口的危险化学品有新的危险特性的,应当及时向危险化学品登记机构办理登记内容变更手续。

危险化学品登记的具体办法由国务院安全生产监督管理部门制定。

第七十一条 发生危险化学品事故,事故单位主要负责人应当立即按照本单位危险化学品应急预案组织救援,并向当地安全生产监督管理部门和环境保护、公安、卫生主管部门报告;道路运输、水路运输过程中发生危险化学品事故的,驾驶人员、船员或者押运人员还应当向事故发生地交通运输主管部门报告。

第七十二条 发生危险化学品事故,有关地方人民政府应当立即组织安全生产监督管理、环境保护、公安、卫生、交通运输等有关部门,按照本地区危险化学品事故应急预案组织实施救援,不得拖延、推诿。

有关地方人民政府及其有关部门应当按照下列规定,采取必要的应急处置措施,减少事故损失,防止事故蔓延、扩大:

(一)立即组织营救和救治受害人员,疏散、撤离或者采取其他措施保护危害区域内的其他人员;

(二)迅速控制危害源,测定危险化学品的性质、事故的危害区域及危害程度;

(三)针对事故对人体、动植物、土壤、水源、大气造成的现实危害和可能产生的危害,迅速采取封闭、隔离、洗消等措施;

(四)对危险化学品事故造成的环境污染和生态破坏状况进行监测、评估,并采取相应的环境污染治理和生态修复措施。

第五节 实验室能力验证

一、能力验证的作用和目的

(一)能力验证的作用

能力验证是指利用实验室间比对来确定实验室检测/校准能力的活动,实际上它是为确保实验室维持较高的校准和检测水平而对其能力进行考核、监督和确认的一种验证活动。参加能力验证计划,可为实验室提供评价其出具数据可靠性和有效性的客观证据,它的主要作用可

归纳为以下 4 点：

(1)评价验室是否具有胜任其所从事的校准/检测工作的能力，包括由实验室自身、实验室客户，以及认可或法定机构等其他机构进行的评价。

(2)通过实验室检测/校准能力的外部措施，来补充实验室内部的质量控制程序。

(3)这些活动也补充了由技术专家进行实验室现场评审的手段，而现场评审被认可或法定机构所经常采用。

(4)增加实验室客户对实验室能力的信任，就实验室的生存与发展而言，用户对其是否能够持续出具可靠数据的信任度是非常重要的。

(二)能力验证的目的

能力验证是确定实验室检测/校准能力的实验室间比对，而开展这种比对活动的目的可归纳为以下 6 点：

(1)确定实验室进行某些特定检测或校准的能力，以及监控实验室的持续能力。

(2)识别实验室中的问题，并制定相应的补救措施，这些措施可能涉及诸如个别人员的行为或仪器的校准等。

(3)确定新的检测和校准方法的有效性和可比性，并对这些方法进行相应的监控。

(4)识别实验室间的差异。

(5)确定某种方法的性能特征——通常称为协作试验。

(6)为参考物质(RMs)赋值，并评价它们在特定检测或校准程序中应用的适用性。

能力验证是为实现目的(1)而进行的实验室间比对，即确定实验室的检测或校准能力。但能力验证计划的运作也常为上面所列的其他目的提供信息。

二、能力验证的类型

常用的能力验证有以下 6 种类型：

(一)实验室间量值比对

量值比对所涉及的被测物品，是按顺序从一个参加实验室传送到下一个实验室，这类比对通常具有如下 4 个特征：

(1)被测物品的指定值(参考值)由某个参考实验室提供，该实验室应尽量考虑由国家有关测量的最高权威机构(如国家计量院)承担。

(2)被测物品是按顺序传递给下一个参加实验室，在传递过程中应确保被测物品的稳定性，因此有必要在能力验证过程中对其进行校核，以保证特性及其指定值不发生明显变化。

(3)量值比对的周期往往很长，因此应严格控制被测物品的传送时间和各参加者的测量时间，在比对实施过程中(而不是在整个比对结束后)应及时向参加实验室反馈有关信息，例如以中期报告的形式。

(4)将各测量结果与参考实验室所确定的参考值相比较，应考虑各参加实验室声明的测量不确定度。

用于此类比对的测量物品，可以包括参考标准(如电阻器、量规和仪器等)。

（二）实验室间检测比对

检测比对是从材料源中随机抽取若干样品，同时分发给参加实验室进行检测。这种方法有时也用于实验室间量值比对，它有以下3个特征：

（1）被测物品是从样品集合中随机得到的。

（2）每轮比对中提供给参加者的整批被测物品，必须充分均匀，以保证计划中所判别出的任何极端结果均不能归因于被测物品间存在着差异。

（3）将实验室返回的结果与公议值比对，以表明各实验室的能力和参加者整体的能力。

认可或法定机构或其他组织，在检测领域通常采用这类比对，所用的被测物品有食品、液体、水、土壤及其他环境物质。在某些情况下，被测物品是已建立的（有证）参考物质的分离部分。典型的实验室间检测比对如图2-4所示。

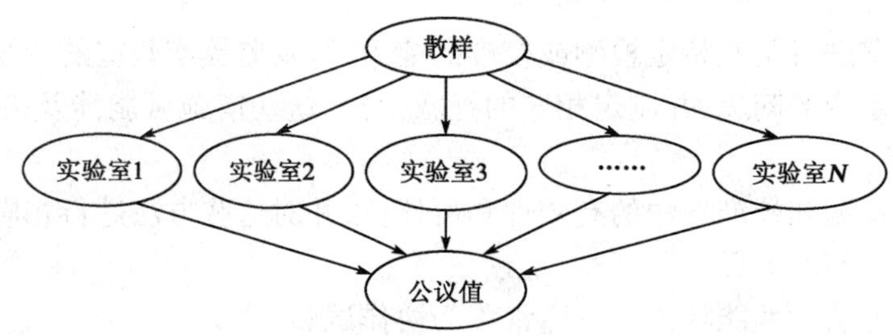

图2-4　典型的实验室间检测比对

（三）分割样品检测比对

典型的分割样品检测比对数据，由包含少量实验室的小组（通常只有两个实验室）提供，这些实验室将被作为潜在的或连续的检测服务提供者接受评价。在商业交易中经常采用这类比对或类似比对，把表示贸易商品的样品在代表供方的实验室和代表需方的另一个实验室之间进行分割。若对供需双方实验室出具结果的差异还须仲裁时，通常把另一个样品保留在第三方实验室进行检测。

该检测计划包括把某种产品或材料的样品分成两份或几份，一般只有有限数量（通常是两个）的实验室参加。此外，这类计划往往需要保留足够的材料，以便能通过其他实验室的进一步分析来解决参加实验室之间存在的差异。这类计划的用途包括识别不良的复现性或重复性，描述一次性偏移和验证纠正措施的有效性，以及用于监控临床实验室和环境实验室。参加该类计划的实验室之一，可能因其采用标准方法和先进设备而被视为顾问实验室或指导实验室，其检验结果被认为是参考值。

（四）定性比对

评价实验室的检测能力并不总是采用许多实验室间比对，例如，某些比对是为了评价实验室表征特定实物的能力（如识别石棉的类型、特定病原有机体等）。这类比对，可能包含比对协调者专门制备了额外目标组分的检测物品。因此，在性质上，这些比对是“定性”的，不需要多个实验室参与比对。

（五）已知值比对

这是一种特殊的能力验证类型，不需要很多实验室参加。它包括制备待测的、被测量值已知的检测物品,提供与指定值比对的数字结果等,以此来评价实验室的检测/校准能力。

(六)部分过程比对

这是能力验证的一种特殊类型,系指评价实验室对检测/校准全过程中的若干部分的检测/校准能力。例如,可以验证实验室转换给定数据的能力(而不是进行实际的校准或检测),或者验证抽样、制备样品等部分的能力。

三、能力验证的实施

(一)能力验证的组织机构

国家认证认可监督管理委员会、中国合格评定国家认可委员会、各省级质量技术监督局、各直属出入境检验检疫局和有关行业主管部门、行业协会,都可以在一定范围组织开展能力验证工作。为规范我国的实验室能力验证工作,国家认监委于2006年3月发布了《实验室能力验证实施办法》(国家认监委2006年第9号公告)。该《办法》规定,国家认监委负责统一监管和综合协调能力验证活动。能力验证组织者应当按照国家认监委制定的实验室能力验证的基本规范和实施规则开展能力验证活动。

1. 国家认监委组织实施的能力验证

国家认监委成立后,针对一些社会热点问题,根据政府强力监管某些重点领域(比如食品)质量安全的需要,组织实施了一系列的能力验证活动。对于国家级产品质量监督检验中心、省级产品质量监督检验机构、各直属出入境检验检疫局的综合技术中心,只要认监委开展的能力验证项目属于其通过资质认定范围的,都必须参加,不需要交纳任何费用参加能力验证,对于其他行业检测机构和社会实验室,自愿报名参加,需交纳一定费用。2005年,国家认监委组织实施了9个项目的能力验证活动,其中8个项目是食品检测项目,参加实验室达950多家/次。2006年,国家认监委又布置了12个项目的能力验证,其中10个是食品检测项目。国家认监委已经把每年组织开展能力验证工作所需经费纳入国家财政预算,每年国家财政给予一定经费支持。

2. 中国合格评定国家认可委员会组织实施的能力验证

对于已获认可和申请认可的实验室,合格评定认可委员会组织实施的能力验证活动是强制性的。实验室可以书面形式申请暂不参加某一能力验证计划,但对于无故拒绝参加即没有提出暂不参加申请或申请未被认同的实验室,认可机构将依据有关规定予以处理,直至暂停/撤销对该实验室的资格认可,或建议委托部门予以处理。

申请认可的实验室在获得认可之前,应至少参加一次与其主要认可项目相关的能力验证(如有适当的能力验证);已获认可的实验室,应每4年至少参加一次与其主要认可项目相关的能力验证活动。若没有适当的能力验证计划,则在认可活动中,须对实验室的主要认可项目实施测量审核。鼓励实验室积极参加认可或法定机构承认的其他机构所组织的能力验证和比对,这些外部活动包括:

(1)ILAC框架下的其他区域实验认可合作组织,例如EA、IAAC。

(2)欧洲认可机构(EA)组织的能力验证。

(3)国际计量局/国际计量委员会(BIPM/CIPM)组织的国际比对。

(4)亚太计量规划组织(APMP)等区域计量组织(RMO)组织的国际比对。

(5)国际权威行业组织,例如ASTM、WHO等,组织的能力验证活动等。

如果实验室参加了上述所列之外的其他能力验证或比对,须将组织者实施能力验证活动的详细信息提交认可或法定机构审查认同后,其结果方能应用。

实验室参加中国实验室国家认可委员会组织的能力验证,需向项目组织协调单位交纳一定费用。

(二)能力验证纠正活动

1. 离群值产生

离群值产生的原因有两种:

(1)由于试验条件和试验方法的偶然偏离或观测、记录、计算中的失误所导致。

(2)总体固有变异性的极端表现。

对离群值的判定通常可根据技术上或物理上的理由直接进行,例如当试验者已经知道试验偏离了规定的试验方法,或测试仪器发生问题等。

2. 离群值的处理与纠正

在能力验证活动中出现不满意结果(离群)的实验室,须依照能力验证纠正活动的要求进行整改。纠正活动程序如图2-5所示。

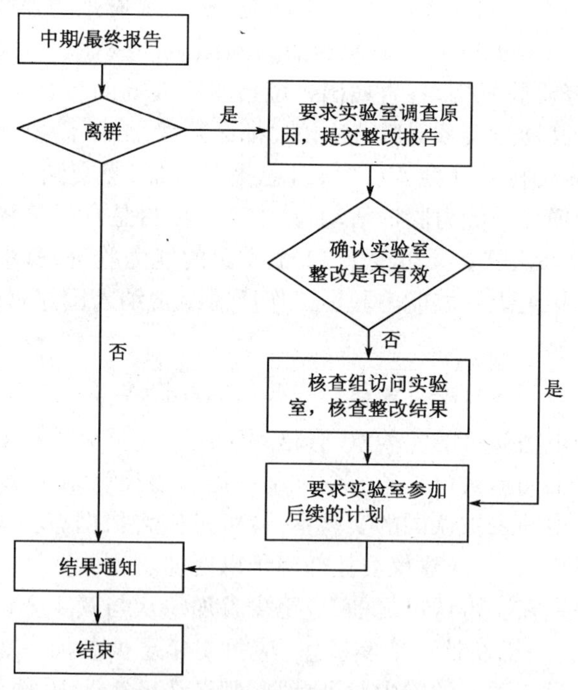

图2-5 能力验证计划纠正活动流程图

(1)要求实验室尽快寻找和分析出离群的原因,开展有效的整改活动(有效的整改活动应包含对质量管理体系相关要素的控制、技术能力等方面的分析,以及进行相关的试验和有效地利用反馈信息等全面的活动),并将详细的整改报告以书面形式,在规定期限内提交认可或法

定机构审查。

(2)认可或法定机构有关部门会同有关技术专家，根据实验室的整改报告，做出是否认同实验室进行了有效整改的结论。若认同，将安排后续验证，对实验室的整改情况加以确认；若发现实验室的整改中依旧存在问题，则派遣核查组对该实验室进行现场核查。在现场核查中，若发现实验室仍存在影响测量结果的严重问题，将建议暂停/撤销对该实验室相关项目的认可。

(3)对于在限定期限内不提交整改报告而又无任何书面的理由陈述的实验室，将视其为拒绝接受整改，依据有关规定对其进行处理，直至暂停/撤销对该实验室相关项目的认可。

3.统计量的数据处理

对一组比对的实验结果，常用的统计量有标准差、变异系数、中位值、标准四分位数间距(IQR)测试值与中位值绝对偏差、最小值、最大值、极差等。

(1)偏差

$$D = X - X_0$$

式中：X——参加实验室的结果值；

X_0——指定值。

(2)偏差百分比

$$\frac{D}{X} \times 100\%$$

(3)标准四分位数间距(IQR)

四分位法就是统计比对所有数据的之一位置处的数据。一般采用四分之一位置两侧的两个数据的平均值，如图2-6所示。

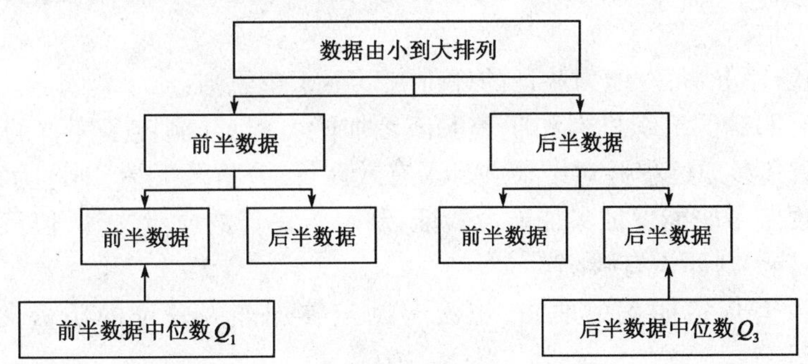

图2-6　四分位间距概念图

四分位数间距(IQR)指高四分位数值 Q_3 和低四分位数值 Q_1 之差：$IQR = Q_3 - Q_1$。

(4)Z 比分数

$$Z = \frac{D}{S}$$

S 是适当的估计量值，具有叫变性。当利用四分位法稳健统计方法处理结果时：

$$Z = \frac{X - X_0}{0.7413IQR}$$

式中：IQR——四分位间距。

在报告中列表给出计算的 Z 比分数，并依据这些 Z 比分数来评定实验室的能力，标准如下：

$|Z| \leqslant 2$　　满意结果

$2 < |Z| < 3$　　有问题

$|Z| \geqslant 3$　　不满意或离群的结果

(5)结果数及中位数

结果数是从一个特定检测中得到的结果总数，符号为 N。

参加验证的实验室数量用 N 表示，中位数是一组数据的中间值。如果 N 是奇数，中位数是排序在中间的值；如果 N 是偶数，中位值是两个中心值的平均值。

(6)稳健 C_V 是变异系数

$$\text{稳健 } C_V = \frac{\text{标准 } IQR}{\text{中位值}} \times 100\%$$

(7)最大值、最小值及极差

最小值是最低值（即 $X[1]$），最大值是最高值（即 $X[N]$），极差是它们之间的差值（即 $X[N] - X[1]$）。

(三)对能力验证的要求和评价

对申请认可的实验室，在能力验证方面有以下3条基本要求：

(1)实验室应有明确的职责以确保参加能力验证。

(2)实验室应有参加能力验证的文件化程序。

(3)实验室应执行上述程序，并能够提供证明其参加了能力验证活动的记录，以及对结果的有效利用。必要时，还应提供出现不满意结果（离群）时所采取的纠正活动的证明资料。

在实验室现场评审中，对能力验证的评价有以下3条原则：

(1)实验室有明确的组织机构和职责保证参加能力验证，制定了完善的质量文件并按程序执行；能够证明其参加过程并对结果进行了有效评价、分析及反馈，则评为符合。

(2)实验室规定了职能保证参加能力验证，制定了完善的质量文件，但没有完全按程序实施，没有相关的记录，则评为有缺陷。

(3)实验室没有规定明确的职责，也没有制定参加能力验证的质量文件，则评为不符合项。

其他行业主管部门、行业协会、地方质量技术监督局、直属出入境检验检疫局等组织实施的能力验证工作应当符合国家认监委关于能力验证工作的相关要求，并报认监委备案。

(四)能力验证结果的使用

(1)能力验证的结果对于参加实验室和组织机构都有用。但某一次能力验证的成功与否只代表一次活动的能力，不能反映持续能力。

(2)如果实验室提交的某个结果或一些结果超出了某一次能力验证计划的验收准则，应及早向实验室通报其结果，并建议该实验室对其能力进行调查和评议。

(3)对报告不满意结果的实验室，应用下列政策：

①实验室在约定的时间范围内调查和评议其能力。

②必要时，让实验室随后进行可能的能力验证，以确认实验室采取纠正措施是否有效。

③必要时，由合适的技术评审员对实验室进行现场评价，以确认纠正措施是否有效。

④应当告知参加实验室能力验证计划中的不满意表现可能带来的后果。

复习思考题

一、单选题

1. 与产品、过程、体系或人员有关的第三方证明称为(　)。

A. 认证　B. 认可　C. 实验室认可　D. 合格评定

2. 由某组织的最高管理者正式发布的该组织的质量宗旨和质量方向，称做(　)。

A. 质量方针　B. 质量目标　C. 质量计划　D. 质量保证

3. 由最高管理者就质量方针和目标，对质量体系的现状和适应性进行的正式评价叫做(　)。

A. 内部审核　B. 合同评审　C. 管理评审　D. 质量审核

4. 阐明一个组织的质量方针并描述其质量体系的文件叫作(　)。

A. 质量手册　B. 程序文件　C. 质量体系　D. 作业指导书

5. (　)是为了防止潜在的不合格、缺陷或其他不希望的情况发生，消除其原因所采取的措施。

A. 纠正措施　B. 预防措施　C. 纠正　D. 预防

6. 为了防止已出现的不合格、缺陷或其他不希望的情况的再次发生，消除其原因所采取的措施叫作(　)。

A. 纠正措施　B. 预防措施　C. 纠正　D. 预防

7. 按时间间隔和规定程序，对计量器具定期进行的一种后续检定称为(　)。

A. 首次检定　B. 强制检定　C. 周期检定　D. 后续检定

8. 实现单位统一，量值准确可靠的活动叫(　)。

A. 测量　B. 计量　C. 计量学　D. 测量程序

9. 一般由一个数乘以测量单位所表示的特定量的大小，如 5.34m、15kg 等，叫作(　)。

A. 量值　B. [量的]真值

C. [量的]约定真值　D. 量

10. 在相同测量条件下，对同一被测量进行连续多次测量所得结果之间的一致性称为(　)。

A. [测量结果的]重复性　B. [测量结果的]复现性

C. [测量结果的]正确性

11. 在改变了的测量条件下，同一被测量的测量结果之间的一致性称为(　)。

A. [测量结果的]重复性　B. [测量结果的]复现性

C. [测量结果的]正确性

12. 用对观测列进行统计分析的方法,来评定标准不确定度,称为( )。

A. 不确定度的 A 类评定　　B. 不确定度的 B 类评定

C. 合成标准不确定度

13. 以标准[偏]差表示的测量不确定度,称为( )。

A. 扩展不确定度　　B. 标准不确定度

C. 合成标准不确定度

14. 测量误差除以被测量的真值称作( )。

A. 偏差　　B. 相对误差　　C. 随机误差　　D. 系统误差

15. 测量结果与在重复性条件下,对同一被测量进行无限多次测量所得结果的平均值之差称为( )。

A. 偏差　　B. 相对误差　　C. 随机误差　　D. 系统误差

16. 在重复性条件下,对同一被测量进行无限多次测量所得结果的平均值与被测量的真值之差称为( )。

A. 偏差　　B. 相对误差　　C. 随机误差　　D. 系统误差

17. 下列单位中,( )是 SI 基本单位。

A. 伏特　　B. 牛顿　　C. 秒　　D. 欧姆

18. SI 单位词头"兆"所表示的因数为 10^6,其符号为"( )"。

A. P　　B. ρ　　C. M　　D. m

19. SI 单位词头"十"的符号为"( )"。

A. d　　B. k　　C. da　　D. μ

20. 组合单位"牛顿米"符号的正确书写方式为"( )"。

A. 牛米　　B. mN　　C. Nm　　D. N-m

21. 质量体系文件具备( )、唯一性和适用性。

A. 强制性　　B. 法规性　　C. 通用性　　D. 准确性

22. ( )是指利用实验室间比对来确定实验室检测/校准能力的活动。

A. 能力验证　　B. 能力比对　　C. 期间核查　　D. 实验室比对

23. 计量认证标志为( )。

A. CMC　　B. CMA　　C. CAL　　D. CNAL

24. 管理评审是由实验室的( )组织进行的综合评价活动。

A. 技术负责人　　B. 行政负责人

C. 质量负责人　　D. 最高管理者

25. 盲样管理是将( )隐藏的样品管理方式。

A. 样品规格　　B. 样品数量

C. 委托客户信息　　D. 样品名称

26. 选用 SI 单位的倍数单位或分数单位,一般应使量的数值处于( )。

A. 1 ~ 1 000　　B. 0.1 ~ 100　　C. 0.1 ~ 1 000　　D. 1 ~ 10 000

27. CMA 的含义是( )。

A. 中国计量认证　　B. 中国计量审查

C. 中国计量评审　　D. 中国计量组织

28. 组合单位“牛顿米”符号的正确性书写方式为(　)。

A. 牛·米　B. 牛米　C. 牛—米　D. (牛米)

29. 自上而下通过不间断的校准而构成溯源体系为(　)。

A. 量值溯源　B. 量值传递

C. 计量检定　D. 计量校准

30. 检验员进行各项检测/校准活动的技术依据是(　)。

A. 质量手册　B. 程序文件　C. 作业指导书　D. 质量记录

31. 单位名称“开”属于(　)。

A. 辅助单位　B. 基本单位　C. 导出单位　D. 非国际单位制单位

32. 压力试验机应定期进行标定,并具有检定证书,检定周期一般为(　)。

A. 18 个月　B. 12 个月　C. 6 个月　D. 24 个月

33. 关于比对试验,下列说法正确的是(　)。

A. 由两个或多个实验室对物品进行校准

B. 由两个或多个实验室,按预先规定的条件,对物品进行校准

C. 由两个或多个实验室,按预先规定的条件,对相同或类似的物品进行校准

D. 由两个或多个实验室,按预先规定的条件,对相同或类似的物品进行校准/检测

34. 下列哪一个代码为交通行业计量证的专业类别代码(　)。

A. R　B. N　C. Y　D. P

35. 力的法定单位包括(　)及它的倍数、分数单位。

A. 米　B. 千克　C. 牛顿　D. 帕斯卡

36. 实验室的组织应有以下特性(　)。

A. 为一合法机构　B. 建立管理体系

C. 对客户保密　D. 以上皆是

37. 质量体系文件的层次划分通常习惯划分为(　)。

A. 一层次　B. 三层次或四层次

C. 五层次　D. 六层次

38. 由质量技术监督部门授权的校准实验室,其提供的仪器设备检定/校准报告应加盖(　)标志。

A. CMA　B. CAL　C. CMC　D. CNAS

39. 法定计量单位是指由国家(　)、具有法定地位的计量单位。

A. 有关部门承认　B. 计量部门承认

C. 法律承认　D. 标准认可

40. 0.1μm = (　)nm。

A. 10　B. 1 000　C. 100　D. 10 000

41. 国际单位制的基本单位有(　)个。

A. 2　B. 5　C. 7　D. 19

42. 凡是由两个或两个以上的单位以相乘或相除或既有乘又有除构成的单位称为(　)。

A. 质量单位　B. 时间单位

C. 组合单位　D. 体积单位

43. 一个组织的管理体系主要是为满足该组织的(　)需要而设计的。

A. 外部需要　　B. 内部需要

C. 内部管理　　D. 人员管理

44. 当设备停止使用时,实验室应执行(　)。

A. 明显标识　　B. 借给其他实验室

C. 用布盖起来　　D. 不处理

45. (　)是规定实验室质量活动方法和要求的文件,是质量手册的支持性文件。

A. 程序文件　　B. 质量手册

C. 质量计划　　D. 质量记录

46. 由于审核目的和审核人员的立场不同,质量体系审核可分为(　)。

A. 内部质量体系审核和外部质量体系审核

B. 初级质量体系审核和高级质量体系审核

C. 强制质量体系审核和自由质量体系审核

D. 以上答案都正确

47. 对一个物理量测量以后,测量结果与被测量的真值所得的差,叫做(　)。

A. 实际相对误差　　B. 误差

C. 标称相对误差　　D. 额定相对误差

48. 检测用的仪器设备一般可以分为计量器具和(　)两大类。

A. 专用计量器具　　B. 标准物质　　C. 试验设备　　D. 工作计量器具

49. 千牛、瓦每开尔文米两个单位,书写正确的是(　)。

A. kN、W/(k · m)　　B. kN、W/(K · m)

C. kN、W/(K · m)　　D. kN、W/(k · m)

50. 按照实验室仪器设备的“三色”管理,经验证合格后的设备,如水泥混凝土取芯机,应贴(　)色标识。

A. 红色　　B. 黄色　　C. 绿色　　D. 白色

二、判断题

1. 合同评审是供方的职责,不可以与顾客联合进行。(　)

2. 质量手册可以涉及一个组织的全部活动或部分活动。(　)

3. 由国家法律承认,具有法定地位的计量单位叫法定[计量]单位。(　)

4. 真值按其本性是确定的。(　)

5. 不是被测量但对测量结果有影响的量叫做影响量。(　)

6. 包含因子等于扩展不确定度与合成标准不确定度之比。(　)

7. 修正值等于正的系统误差。(　)

8. 随机误差等于误差减去系统误差。(　)

9. 国际单位制是我国法定计量单位的主体,国际单位制如有变化,我国法定计量单位也将随之变化。(　)

10. SI 基本单位有 9 个。(　)

11. 一个实验室只能有唯一的质量体系文件系统。 ( )
12. 准确性、一致性、溯源性及法制性是计量工作的重要特点。 ( )
13. 校准与检定都具有法制性。 ( )
14. 在能力验证活动中出现不满意结果(离群)的实验室,应立即暂停对该实验室相关项目的认可。 ( )
15. 功能正常的用于检测的辅助设备,如空调、计算机等,应贴"准用"状态标识。 ( )
16. 实验室不能使用的报废仪器设备应使用"停用(红色)标志"。 ( )
17. 原始记录有错误时,可以进行涂改修正。 ( )
18. 计量认证标志不能放大或缩小尺寸。 ( )
19. 检测用的仪器设备应有必要的操作规程。 ( )
20. 校准可对计量器具的合格性做出判断,具法制性。 ( )
21. 米、弧度和秒属于国际单位制的基本单位。 ( )
22. 计量器具应由法定计量部门定期进行检定或校准。 ( )
23. 检验中必须对所有的环境都要加以监控和记录。 ( )
24. 破坏性检验不可能对全部产品都做检验。 ( )
25. 检测报告经检测人员签字、检测机构法定代表人或者其授权的签字人签署后方可生效。 ( )
26. 时间的 SI 单位是小时(h),它是 SI 基本单位之一。 ( )
27. 原始记录的数据如有异议,可直接修改或剔除。 ( )

三、多选题

1. 质量手册通常至少应包括或涉及以下方面:( )。
   A. 质量方针
   B. 影响质量的管理、执行、验证或评审工作的人员职责、权限和相互关系
   C. 质量体系程序和说明
   D. 关于手册评审、修改和控制的规定
2. 后续检定包括( )。
   A. 首次检定　　B. 强制性周期检定
   C. 修理后检定　　D. 周期检定有效期内的检定
3. 重复性条件包括( )。
   A. 相同的测量程序　　B. 相同的观测者
   C. 在相同的条件下使用相同的测量仪器　　D. 相同地点
   E. 在短时间内重复测量
4. 包含因子有时也称为( )。
   A. 覆盖因子　　B. 范围因子　　C. 代数因子　　D. 修正因子
5. ( )和( )为国家法定计量单位。
   A. 国际单位制计量单位
   B. 国家选定的其他计量单位

C. 导出单位

6. 下列单位中,属于SI基本单位的有(　)。

A. 米　B. 安培　C. 焦耳　D. 千克

E. 摩尔　F. 开尔文

7. 组合单位"米每秒"的正确书写方式有(　)。

A. m/s　B. $m \cdot s^{-1}$　C. ms^{-1}　D. 米·秒$^{-1}$

E. 米/秒

8. 质量体系文件一般包括(　)。

A. 质量手册　B. 程序文件　C. 作业指导书　D. 仪器设备档案

E. 记录表格

9. 质量体系文件的层次划分一般为(　)或(　)层次。

A. 二个　B. 三个　C. 四个　D. 五个

10. "量值溯源"是指(　)通过不间断的校准而构成溯源体系,而"量值传递",则是(　)通过逐级检定而构成检定系统。

A. 自上而下　B. 自下而上

11. 国家对用于(　)方面的列入强制检定目录的工作计量器具,实行强制检定。

A. 贸易结算　B. 安全防护　C. 医疗卫生　D. 环境监测

E. 工业生产

12. 国家计量检定系统框图为3大部分:(　)。

A. 通用计量器具　B. 计量基准器具

C. 计量标准器具　D. 工作计量器具

13. 常用的能力验证有下列类型:(　)。

A. 实验室间量值比对　B. 实验室间检测比对

C. 分割样品检测比对　D. 定性比对

E. 已知值比对　F. 部分过程比对

G. 人员比对

14. 可以在一定范围内组织开展能力验证工作的部门有(　)。

A. 国家认监委　B. 中国合格评定国家认可委员会

C. 各省级质监局　D. 各直属出入境检验检疫局

E. 各地市质监局　F. 有关行业主管部门、行业协会

15. 仪器设备的状态标识分为"合格"、"准用"、"停用"三种,通常以"绿"、"黄"、"红"三种颜色表示,其中经计量检定或校准、验证合格,确认其符合检测/校准技术规范规定的使用要求的,用(　)标志;仪器设备存在部分缺陷,但在限定范围内可以使用的,用(　)标志。

A. 合格　B. 准用　C. 停用

16. 检测报告中应包括(　)等内容。

A. 实验室名称、地址　B. 报告编号

C. 检验依据　D. 样品的特性和状态

17. 仪器设备维护,根据其不同特点,可分为(　)。

A. 机械维护　　B. 清洁

C. 润滑　　D. 电器、电子设备维护

18. 工作计量器具可以分为三类(　)。

A. 国家依法管理的计量器具　　B. 标准筛

C. 混凝土回弹仪　　D. 强制检定的工作计量器具

E. 专用计量器具

19. 检测机构的等级,是依据检测机构的公路水运工程试验(　)等基本条件对机构进行能力划分。

A. 检测项目　　B. 检测水平

C. 主要仪器设备　　D. 检测人员配备

E. 检测环境

20. 实验室作业指导书的内容有(　)。

A. 使用的材料　　B. 使用的设备

C. 检查方法　　D. 作业标准

21. 管理体系文件包括(　)。

A. 质量手册　　B. 程序文件

C. 作业指导书　　D. 记录表格报告等

E. 质量评审标准

22. 检验的可靠性与以下因素有关:(　)。

A. 质量检测手段的可靠性　　B. 抽样检验方法的科学性

C. 抽样检验方案的科学性　　D. 抽样地点的安排

23. 测量设备是指(　)以及进行测量所必需的资料的总称。

A. 测量仪器　　B. 标准物质　　C. 辅助设备　　D. 测量标准

24. 期间核查的仪器设备一般包括(　)

A. 仪器设备价格昂贵的　　B. 仪器设备不经常使用的

C. 仪器设备使用环境恶劣的　　D. 仪器设备使用非常频繁的

25. 工地实验室在工程交工后,应将(　)资料移交母体实验室检测机构保存。

A. 授权书　　B. 变更通知书

C. 设备使用记录　　D. 试验检测原始记录

E. 不合格品台账

26. 实验室提供的检测记录应包括足够的信息,以保证其能够(　)。

A. 满足要求　　B. 充分有效　　C. 过程再现　　D. 真实可靠

27. 关于速度单位 km/h 的读法,下列错误的有(　)。

A. 每小时公里　　B. 每小时千米　　C. 千米每小时　　D. 公里每小时

28. (　)属于组合单位。

A. 立方米　　B. 米每秒　　C. 千克　　D. 每米

E. 安

29. 米的常用倍数、分数单位有(　)。

A. km　　B. nm　　C. pm　　D. mg

E. μm

30. (   )属于热学计量器具。

A. 热电偶　　B. 温度自动控制仪

C. 欧姆表　　D. 万用表

E. 测温电桥

31. 实验室保存技术记录的主要目的是(   )。

A. 建立核查线索以利追溯

B. 当客户抱怨时,可修改记录避免责任

C. 增加纸张使用率

D. 协助实验室估算测量不确定度影响因素的鉴定

32. 仪器设备经过检定、校准、验证后,贴停用证的是指(   )。

A. 检验仪器设备损坏者　　B. 降级使用者

C. 检测仪器设备性能无法使用者　　D. 检测仪器设备超过检定周期者

33. 质量的法定单位是(   )。

A. 千克(公斤)及其克的倍数、分数单位

B. 吨及其倍数单位

C. 原子质量单位

D. 质子质量单位

第三章　试验检测基础知识

主要内容：

本章主要介绍了试验检测方面的基础知识，包括统计技术和抽样技术、数据处理、测量误差、测量不确定度及检测数据的线性回归等内容。

复习要点：

误差、数值修约、抽样的基本概念。

总体、样本、算术平均值、中位数、极差、标准偏差、变异系数、随机事件及其概率、正态分布的基本概念；测量数据常用的表达方法（表格法、图示法、经验公式法）；测量不确定度的概念及分类；检测数据的线性回归、相关系数的含义；能力验证的基本概念；测量不确定度的概念、分类及运用。

数值运算法则及修约规则；测量误差的分类、来源及消除方法；抽样技术中批量、样本的基本概念；抽样检验的类型和评定方法、随机抽样的方法，检测事故的认定及基本处理程序；检测数据的线性回归、相关系数的含义，测量数据常用表达方法的内容、国际单位制（SI）量的名称、法定计量单位的定义及我国法定计量单位的基本内容。

第一节　统计技术基本概念

一、随机变量的基本概念

（一）事件和随机事件

观测或试验的一种结果，称为一个事件。例如：明天的天气是晴天、阴天还是雨天，这三种可能性中的每一种都称为事件；又如：测量工件的直径所得的结果为 9.91mm、9.92mm、9.93mm…，这里每个可能出现的测量结果都称为事件。与测量结果相联系的不确定度是事件，若工件直径的真值已知，则相应的每一个误差也称为事件。

在客观世界里，我们可以把事件大致分为确定性和不确定性两类。向上抛一石子必然下落；纯水在 101.325kPa 大气压（即过去所谓的标准大气压）下加热到 100℃时必然沸腾等，均属肯定事件或确定性事件。抛掷一枚硬币的结果可能正面朝上、也可能反面朝上；打靶的结果可能射中，也可能射不中等，均属可疑事件或不确定性事件。

确定性事件有着内在的规律，这一点我们比较容易看到和处理。而对于不确定性事件，虽然就每一次观测或试验结果来看是可疑的，但在大量重复观测或试验下却呈现某种规律性（统计规律性）。例如：多次重复抛掷一枚硬币，会发现正面朝上与反面朝上的次数大致相等。概率论和数理统计就是从两个不同侧面，来研究这类不确定性事件的统计规律性。在概率统计中，把客观世界可能出现的事件区分为最典型的 3 种情况：

（1）必然事件。在一定条件下必然出现的事件。例如工件直径的测量结果为正，是必然事件。

（2）不可能事件。在一定条件下不可能出现的事件。例如工件直径的测量结果为零或负值，都是不可能事件。

（3）随机事件。在一定条件下可能出现也可能不出现的事件。例如工件直径的测量结果出现在9.91mm与9.92mm之间，是一个随机事件。随机事件即是随机现象的某种结果。

（二）随机变量

如果某一量（例如测量结果）在一定条件下，取某一值或在某一范围内取值是一个随机事件，则这样的量叫做随机变量。

随机变量不同于其他变量，其特点是以一定的概率在一定的区间上取值或取某一个固定值。例如：工件直径的测量结果在（9.90～9.92mm）区间上取值的概率为0.9。由前所述可知，测量结果及其不确定度均为随机变量。

随机变量根据其取值的特征可以分为两种：

（1）连续型随机变量。若随机变量 X 可在坐标轴上某一区间内取任一数值，即取值布满区间或整个实数轴，则称 X 为连续型随机变量。例如：打靶命中点的可能值是充满整个靶面，属于连续型随机变量。

（2）离散型随机变量。若随机变量 X 的取值可离散地排列为 $x_1, x_2\cdots$，而且 X 以各种确定的概率取这些不同的值，即只取有限个或可数个实数值，则称 X 为离散型随机变量。例如：在取有效数字的位数时，数字的舍入误差属于离散型随机变量。

（三）事件的概率

随机事件的特点是：在一次观测或试验中，它可能出现，也可能不出现，但是在大量重复的观测或试验中呈现统计规律性。例如：在连续 n 次独立试验中，事件A发生了 m 次，m 称为事件的频数，m/n 则称为事件的相对频数或频率，当 n 极大时，频率 m/n 稳定地趋于某一个常数 p，此常数 p 称为事件A的概率，记为 $P(\mathrm{A})=p$。这就是概率的古典定义。概率是用以度量随机事件A出现的可能性大小的数值。必然事件的概率为1，不可能事件的概率为0，随机事件的概率 $P(\mathrm{A})$ 为 $0\leqslant P(\mathrm{A})\leqslant 1$。所以，必然事件和不可能事件是随机事件的两种极端情况或特例。概率可以通过一定的法则进行运算。

例如，有10件同类产品，其中不合格产品3件，合格产品7件，从中随机抽取产品两次，每次抽取一件。考虑两种抽取方式：①第一次取一件产品，检查其是否合格后放回，搅匀后再取一件，这种方式叫做放回抽样；②第一次取一件产品后不放回，第二次从剩余产品中再取一件，这种方式叫做不放回抽样。试分别就上面两种情况求：①取到两件合格产品的概率；②取到两件不合格产品的概率；③至少取到一件合格产品的概率。

解：（1）放回抽样情况

以A、B、C分别表示事件“取到两件合格产品”、“取到两件不合格产品”、“至少取到一件合格产品”。

由题可知，第一次和第二次抽样均有10件产品可供抽取，根据组合规律，共有 10×10 种取法。对于事件A而言，两次均有7件合格产品可供抽取，即发生事件A的取法有 7×7 种。同理，事件B的取法有 3×3 种。于是：

$$P(\mathrm{A}) = (7 \times 7)/(10 \times 10) = 0.49$$

$$P(\mathrm{B}) = (3 \times 3)/(10 \times 10) = 0.09$$

事件C包含除事件B以外的所有组合，所以：

$$P(\mathrm{C}) = 1 - P(\mathrm{B}) = 1 - 0.09 = 0.91$$

(2)不放回抽样情况

由读者自己完成。

(四)分布函数

随机变量的特点是以一定的概率取值，但并不是所有的观测或试验都能以一定的概率取某一个固定值。例如：重复测量某圆柱体直径时，作为被测量最佳估计值的测量结果是随机变量，记为X，它所取的可能值是充满某一个区间的(并非某一个固定值)。此时人们所关心的问题是：它落在该区间的概率是多少？即$P(a \leqslant X \leqslant b)$为多少？

根据概率加法定理有：

$$P(a \leqslant X \leqslant b) = P(X < b) - P(X < a)$$

显然，只要求出$P(X<b)$及$P(X<a)$即可，这要比求$P(a \leqslant X \leqslant b)$简便得多，因为它们只依赖于一个参数。

对于任何实数x，事件$(X<x)$概率当然是一个x的函数。令$F(x)=P(X<x)$，这里$F(x)$即为随机变量X的分布函数。所以，分布函数$F(x)$完全决定了事件$(a \leqslant X \leqslant b)$的概率，或者说分布函数$F(x)$完整地描述了随机变量$X$的统计特性。

二、随机变量的数字特征

利用分布函数或分布密度函数可以完全确定一个随机变量，但在实际问题中求分布函数或分布密度函数不仅十分困难，而且常常没有必要。例如：测量零件的长度得到了一系列的观测值，人们往往只需要知道零件长度这个随机变量的一些特征量就够了，诸如长度的平均值(近似地代表长度的真值)及测量标准偏差(观测值对平均值的分散程度)。用一些数字来描述随机变量的主要特征，显然十分方便、直观、实用，在概率论和数理统计中就称它们为随机变量的数字特征。这些特征量有数学期望、方差等。

(一)数学期望

随机变量X的数学期望记为$\mathrm{E}(X)$或简记为μ_X，用它可以表示随机变量本身的大小。说明X的取值中心或在数轴上的位置，也称期望值。数学期望表征随机变量分布的中心位置，随机变量围绕着数学期望取值。数学期望的估计值，即为若干个测量结果或一系列观测值的算术平均值。也就是说数学期望是一个平均的大约数值，随机变量的所有可能值围绕着它而变化。

1.离散型随机变量的数学期望

设某机械加工车间有M台机床，它们时而工作时而停顿(如为了调换刀具、零件和进行测量等)，为了精确估计车间的电力负荷，需要知道同时工作着的机床的台数。为此做了N次观察，记下诸独立事件(所有机床都不工作，有1台工作，有2台工作……M台都在工作)的出现次数分别为$m_0, m_1 \cdots m_{\mathrm{M}}$。显然，$m_0 + m_1 + \cdots + m_{\mathrm{M}} = N$，则该车间同时工作的机床的平均数$\bar{n}$为：

$$\bar{n}=\frac{\sum_{i=1}^{M}x_im_i}{N}=\sum_{i=1}^{M}x_i\frac{m_i}{N}=\sum_{i=1}^{M}x_iw_i$$

式中：w_i——x_i 台机床同时工作的频率。

当 N 很大时，频率 w_i 趋于稳定而等于 p_i，故有：

$$\bar{n}=\sum_{i=1}^{M}x_ip_i$$

由上所述，本例中同时工作的机床台数 X 是一个随机变量，其可能值为 $x_i(i=1\sim n$，本例中 $x_1=0,x_2=1\cdots x_n=M)$，相应的概率为 $p_i(i=1\sim n)$，则其均值$\sum_{i=1}^{M}x_ip_i$ 即称为随机变量的数学期望的估计值。它的一般形式为 $\mu_X=E(X)=\sum_{i=1}^{\infty}x_ip_i$，而级数$\sum_{i=1}^{\infty}x_ip_i$ 应绝对收敛。

2. 连续型随机变量的数学期望

设连续型随机变量 X 的分布密度函数为 $f(x)$，且 $\int_{-\infty}^{+\infty}|x|\mathrm{d}x$ 收敛，根据类似的定义，则 X 的数学期望为：

$$\mu_X=E(X)=\int_{-\infty}^{+\infty}xf(x)\mathrm{d}x$$

对于任意一个具有分布函数 $F(x)$ 的随机变量 X 而言，则有：

$$\mu_X=E(X)=\int_{-\infty}^{+\infty}x\mathrm{d}F(x)$$

因此，数学期望是均值这一概念在随机变量上的推广，它不是简单的算术平均值，而是以概率为权的加权平均值。

（二）方差与标准偏差

只用数学期望还不能充分描述一个随机变量。例如：对于测量而言，数学期望可用来表示被测量本身的大小，但是关于测量的可信度或品质高底（比如各个测得值对数学期望的分散程度），就要用另一个特征量——方差来表示。下面以两种方法对某一量进行测量所得结果（表 3-1 和表 3-2）为例，看一下哪种方法更为可信或品质更高。

方法Ⅰ所得的测量结果

表 3-1

测量值	28	29	30	31	32	偏差绝对值	0	1	2
概率	0.1	0.15	0.5	0.15	0.1	概率	0.5	0.3	0.2

方法Ⅱ所得的测量结果

表 3-2

测量值	28	29	30	31	32	偏差绝对值	0	1	2
概率	0.13	0.17	0.4	0.17	0.13	概率	0.4	0.34	0.26

我们比较两个表中的偏差绝对值及概率，很容易看出在没有系统效应的情况下，表 3-1 所用方法Ⅰ的测量品质比表 3-2 方法Ⅱ要高。同时，也可以看出它们的数学期望却是相等的，均为：

$$E(x)=\sum_{i=1}^{5}x_ip_i=30.0$$

这就意味着还需要用另一个数字特征量，即用方差来进一步描述随机变量的分散性或离散性。方差定义为:随机变量 X 的每一个可能值对其数学期望 $E(X)$ 的偏差的平方的数学期望。它描述了随机变量 X 对数学期望 $E(X)$ 的分散度,即:

$$D_X = D(X) = E\{[X - E(X)]^2\}$$

1. 离散型随机变量的方差

$$D_X = D(X) = \sum_{i=1}^{\infty}(x_i - \mu_x)^2 p_i$$

对于上述的测量实例,由表中的数据可以算出方差为:

按测量方法Ⅰ　　$D_1(X) = \sum_{i=1}^{5}(x_i - \mu_x)^2 p_i = 1.10$

按测量方法Ⅱ　　$D_2(X) = \sum_{i=1}^{5}(x_i - \mu_x)^2 p_i = 1.38$

由此可知,若方差小,各测得值对其均值的分散程度就小,则在不考虑系统效应情况下其测量品质高,或更为可信、有效。

2. 连续型随机变量的方差

$$D(X) = \int_{-\infty}^{+\infty}(x_i - \mu_x)^2 f(x)\,\mathrm{d}x$$

方差 $D(X)$ 的量纲是随机变量 X 量纲的平方。为了更为实用和易于理解,最好用与随机变量同量纲的量来说明或表述分散性,故将方差开方取正值得:

$$\sigma_x = \sqrt{D(X)}$$

σ_x 又称为标准偏差。

(三)算术平均值、中位数、极差与变异系数

在系列测量中,被测量的 n 个测得值的代数和除以 n 得到的值称为算术平均值。算术平均值与被测量的真值最为接近,若测量次数无限增加,则算术平均值必然趋近于真值。

中位数是一组数据按从小到大(或从大到小)的顺序依次排列,处在中间位置的一个数或最中间两个数据的平均数。例如 2、3、4、5、6、7 的中位数为 $(4+5)/2=4.5$。中位数是一组数据的中间水平,是样本数据所占频率的等分线,它不受少数几个极端值的影响,有时用它代表全体数据的一般水平更合适。

极差指一组数据中最大数据与最小数据的差,在统计中常用极差来刻画一组数据的离散程度。极差只指明了测定值的最大离散范围,而未能利用全部测量值的信息,不能细致地反映测量值彼此相符合的程度,它是总体标准偏差的有偏估计值,当乘以校正系数之后,可以作为总体标准偏差的无偏估计值。其优点是计算简单,含义直观,运用方便,故在数据统计处理中仍有着相当广泛的应用。但是,它仅仅取决于两个极端值的水平,不能反映其间的变量分布情况,同时易受极端值的影响。

变异系数又称"标准差率",是衡量资料中各观测值变异程度的另一个统计量。当进行两个或多个资料变异程度的比较时,如果度量单位与平均数相同,可以直接利用标准偏差来比较;如果单位和平均数不同时,比较其变异程度就不能采用标准偏差,而需采用标准偏差与平均数的比值(相对值)来比较。变异系数有全距系数、平均差系数和标准差系数等。常用的是标准差系数,用 C_V 表示:

$$C_V = \frac{\sigma}{\mu}$$

式中：σ——标准偏差；

μ——数学期望或平均值。

变异系数反映单位均值上的离散程度，常用在两个总体均值不等的离散程度的比较上。若两个总体的均值相等，则比较标准差系数与比较标准偏差是等价的。

三、随机变量的基本定理

（一）大数定理

对于自然界中的随机现象，虽然不可能确切地判定它的状态及其变化的规律性，但是由于人们在长期实践中积累了丰富的经验，因而能够确定某些事件的概率接近于1或0。也就是说，在一次观测或试验中把概率接近于1或0的事件，分别看成是必然事件或不可能事件。

大数定理的意义就在于：以接近于1的概率来说明大量随机现象的平均结果具有稳定性，从而在确定不变的条件下，可把随机变量视为非随机变量。例如：气体的压力等于单位时间内撞击在单位面积上的气体分子的总效果，显然气体分子撞击的次数及速度是随机变量，但气体的压力可以认为是一个常数。

1. 契比雪夫定理

设 $X_1,X_2\cdots X_n\cdots$ 为互相独立的随机变量序列，同时其数学期望为 $E(X_i)=\mu$，方差 $D(X_i)\leqslant C$（C 是常数，$i=1\sim n$），则对任意的 $\varepsilon>0$，恒有：

$$\lim_{n\to\infty}P\left\{\left|\frac{1}{n}\sum_{i=1}^{n}x_i-\mu\right|<\varepsilon\right\}=1$$

这便是契比雪夫定理。它的实际意义在于：当我们测量某一量时，其数学期望为 μ，进行了 n 次独立的重复观测，观测值为 $x_i(i=1\sim n)$，那么当 n 充分大时，可以用算术平均值 $\frac{1}{n}\sum_{i=1}^{n}x_i$ 代替 μ。换言之，随机变量序列依概率收敛于 μ。

2. 伯努利定理

设在 n 次独立观测或试验中，事件A的出现次数为 m，则当 n 无限增大时，频率 m/n 依概率收敛于它的概率 p，即对任意的 $\varepsilon>0$，恒有：

$$\lim_{n\to\infty}P\left\{\left|\frac{m}{n}-p\right|<\varepsilon\right\}=1$$

这就是历史上最早发现的大数定理，又称为伯努利定理。它的实际意义在于：在观测或试验的条件稳定不变时，如果 n 充分大，则可用频率代替概率，此时频率具有很高的稳定性。

（二）中心极限定理

中心极限定理粗略地说就是：大量的独立随机变量之和，具有近似于正态的分布。例如：在测量某量时，产生测量不确定度的随机因素很多，这些个别因素所引起的测量不确定度分量通常很小，但其总和（合成）却较大。为了研究这种合成不确定度的特性，就需要知道相互独立的随机变量之和的分布函数或分布密度函数的形状及其存在条件。

由概率论可以证明：若 $X_i(i=1,2\cdots n)$ 为独立分布的随机变量，则其和的分布近似于正态分布，而不管个别变量的分布如何。随着 n 的增大，这种近似程度也增加。通常若 X_i 同分布，且每一 X_i 的分布与正态分布相差不甚大时，则即使 $n \geqslant 4$，中心极限定理也能保证相当好的近似正态性。这个结论具有重要的实际意义。

四、常见随机变量的概率分布及其数字特征

(一)均匀分布

被测量 X 服从均匀分布(矩形分布)，如图 3-1 所示，试求其数学期望值 μ_x、方差 D_x 及标准偏差 σ。

现设其概率分布密度为 $f(x)$，它在 $-a$ 至 $+a$ 区间内为一常数，令其为 K，则：

$$y = f(x) = K$$

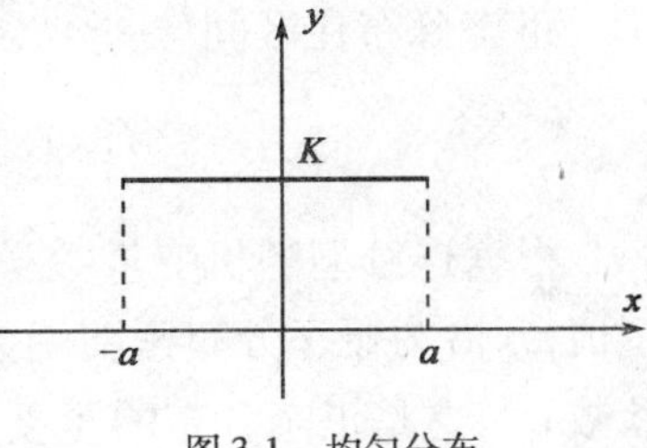

图 3-1 均匀分布

被测量落在 $-a$ 至 $+a$ 区间内的概率应为 1，故有：

$$\int_{-a}^{+a} f(x)\,\mathrm{d}x = \int_{-a}^{+a} K\mathrm{d}x = 1$$

即得 $K = \dfrac{1}{2a}$，因此概率分布为：

$$y = f(x) = \frac{1}{2a}$$

被测量的期望值为：

$$\mu_x = \int_{-a}^{+a} xf(x)\,\mathrm{d}x = \int_{-a}^{+a} \frac{x}{2a}\mathrm{d}x = \frac{a^2}{4} - \frac{a^2}{4} = 0$$

被测量的方差为(注意到 $\mu_x = 0$)：

$$D_x = \int_{-a}^{+a} (x - \mu_x)^2 f(x)\,\mathrm{d}x = \int_{-a}^{+a} x^2 f(x)\,\mathrm{d}x = \frac{1}{2a}\int_{-a}^{+a} x^2\,\mathrm{d}x = \frac{a^2}{3}$$

所以标准偏差为：

$$\sigma = \sqrt{D_x} = \frac{a}{\sqrt{3}} \tag{3-1}$$

式(3-1)即为被测量服从均匀分布时，其标准偏差与分散区间半宽之间的关系式。

在某一区间 $[-a, +a]$ 内，被测量值以等概率落入，而落于该区间外的概率为零，称被测量值服从均匀分布，通常记作 $U[-a, +a]$。服从均匀分布的测量有：

(1)数据切尾引起的舍入不确定度；

(2)电子计数器的量化不确定度；

(3)摩擦引起的不确定度；

(4)数字示值的分辨率；

(5)滞后；

(6)仪器度盘与齿轮回差引起的不确定度；

(7)平衡指示器调零引起的不确定度。

在缺乏任何其他信息的情况下，一般假设为服从均匀分布。另外，服从均匀分布的变量的

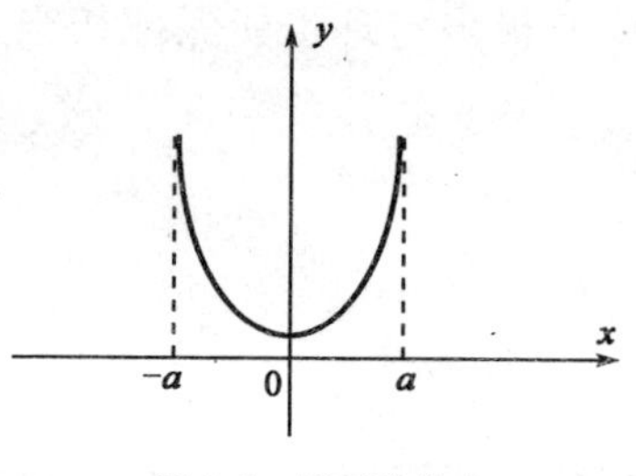

图 3-2　反正弦分布

正弦或余弦函数，服从反正弦分布（图 3-2）。服从反正弦分布的测量有：

（1）度盘偏心引起的测角不确定度；

（2）正弦振动引起的位移不确定度；

（3）无线电中失配引起的不确定度；

（4）随时间正余弦变化的温度不确定度。

（二）正态分布

被测量 X 服从正态分布（拉普拉斯—高斯分布），如图 3-3a）所示，试说明其分布特点。

正态分布在区间（$-\infty$，$+\infty$）概率分布密度函数 $f(x)$ 为：

$$f(x)=\frac{1}{\sigma\sqrt{2\pi}}e^{-\frac{(x-\mu)^2}{2\sigma^2}}\qquad(-\infty<x<+\infty)$$

根据连续型随机变量数学期望和方差的定义，可以算得（通过简单的积分）：被测量的期望值 μ_x 恰为概率分布密度函数中的参数 μ，而被测量的方差 D_x 恰为概率分布密度函数中的参数 σ^2，这是正态分布的重要特点。对于均值为 μ，标准偏差为 σ 的正态分布，通常记之以 $N(\mu,\sigma^2)$。对于均值为零、标准偏差为 σ 的正态分布，则记之为 $N(0,\sigma^2)$。

由图 3-3a）可见，正态分布曲线在 $x=\mu$ 处具有极大值，曲线不仅是单峰的，而且对 $x=\mu$ 直线来说是对称的。由图 3-3b）可见，正态分布的中心是在 $x=\mu$ 处，μ 值的大小决定了曲线在 x 轴上的位置。由图 3-3c）可见，在相同 μ 值下，σ 值愈大，曲线愈平坦，即随机变量的分散性愈大；反之愈小，曲线愈尖锐（集中），随机变量的分散性愈小。还可以看到，正态分布曲线在 $x=\mu\pm\sigma$ 处有两个拐点，并以 x 轴为渐近线。图 3-3d）对两条不同 μ 值和不同 σ 的正态分布曲线进行了比较。

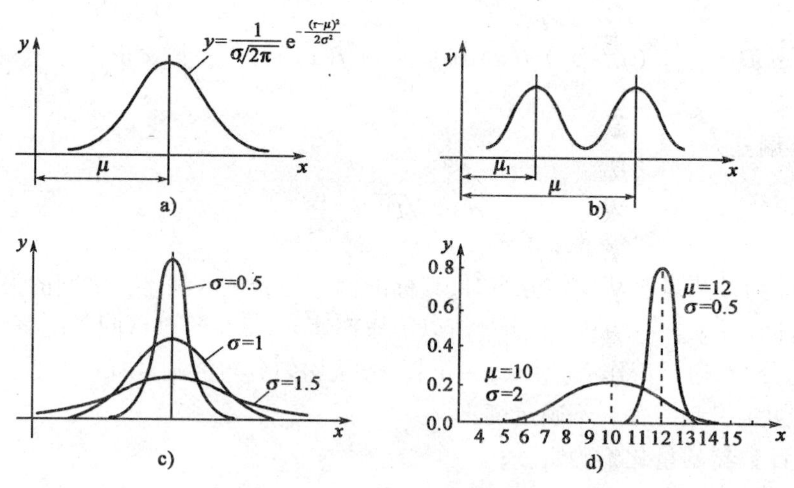

图 3-3　正态分布

显然，随机变量的分布是多种多样的，而正态分布在计量领域中极其重要。这是因为概率论的中心极限定理表明，正态分布在测量应用中具有实际意义。例如：在 3～5 次独立的重复条件下，观测值的平均值的分布是近似正态的，而不必考虑单次观测值的分布是否为正态。

受大量、微小、独立因素影响的连续型随机变量，当样本大小 n 有限时，作出以 $f(x)$ 为纵坐标的直方图。观察其图形，得到的结论是“两头少、中间多”，且图形基本上呈对称型，整个图形与横轴所围的面积为 1。

当样本大小 n 充分大时，直方图将愈呈对称，而台阶形的折线也将趋于一条光滑曲线（图 3-4）。这条曲线有如下 4 个特点：

（1）单峰性，即曲线在均值处具有极大值。

（2）对称性，即曲线有一对称轴，轴的左右两侧曲线是对称的。

（3）有一水平渐近线，即曲线两头将无限接近于横轴。

（4）在对称轴左右两边曲线上离对称轴等距离的某处，各有一个拐弯的点（拐点）。

把从经验中得出的直方图上升为理论，找到具有上面 4 个特点的曲线，且曲线下的面积是 1。该曲线在数学上可以由下面的函数 $f(x)$ 表达出来：

$$y = f(x) = \frac{1}{\sigma\sqrt{2\pi}} e^{-\frac{(x-\mu)^2}{2\sigma^2}}$$

这里 $f(x)$ 称为概率分布密度函数，$f(x)$ 所表示的曲线称为正态分布曲线，其中 μ、$\sigma(\sigma > 0)$ 是正态分布的两个参数。

正态分布是人们考察自然科学和工程技术中得到的一种连续分布，是对大量实践经验抽象的结果。例如一批机器零件毛坯的重量，在相同条件下加工出来的一批螺栓口径大小；细纱的强度；同一民族同性别成年人的身体高度；射击时中靶点的横坐标（或纵坐标），测量误差等连续型随机变量，都服从正态分布。

正态分布以 $x = \mu$ 为其对称轴，它是正态总体的平均值。参数 σ 刻画总体的分散程度，它是总体的标准偏差。所以，正态分布曲线可由总体平均值 μ 及标准偏差 σ 确定下来。图 3-3c）给出了 μ 相同，σ 不同（$\sigma = 0.5$、$\sigma = 1$、$\sigma = 1.5$）的正态分布图形。

由于 μ、σ 能完全表达正态分布的形态，所以常用简略记号 $X \sim N(\mu, \sigma^2)$ 表示正态分布。当 $\mu = 0$，$\sigma = 1$ 时，$X \sim N(0,1)$ 称为标准正态分布。

在概率论中，X 落在下述区间内的概率特别有用（图 3-5）：

$$P(\mu - \sigma \leqslant X \leqslant \mu + \sigma) = 0.682\,7$$

$$P(\mu - 2\sigma \leqslant X \leqslant \mu + 2\sigma) = 0.954\,5$$

$$P(\mu - 3\sigma \leqslant X \leqslant \mu + 3\sigma) = 0.997\,3$$

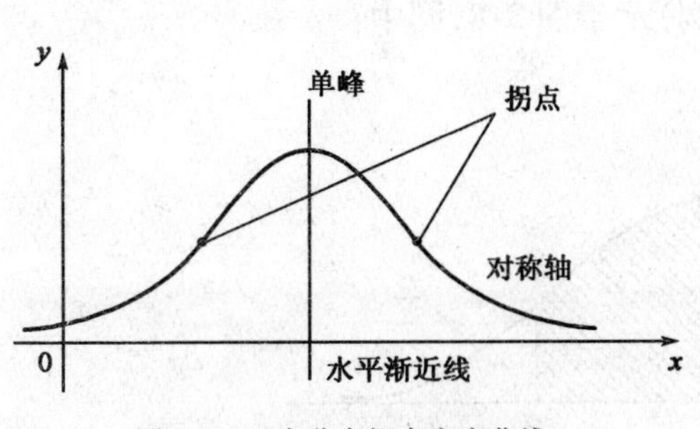

图 3-4 正态分布概率密度曲线

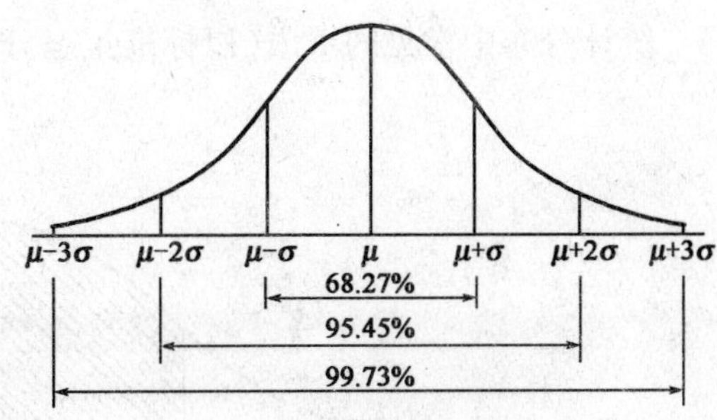

图 3-5 重要的概率值

我们看到，尽管正态分布变量 X 的取值是 $(-\infty, +\infty)$，但它的值落在 $(\mu - 3\sigma, \mu + 3\sigma)$ 内几乎是肯定的事，这就是人们所说的“3σ”法则。

（三）t 分布

被测量 $X_i \sim N(\mu,\sigma^2)$，其 N 次测得值的算术平均值$\bar{x} \sim N(\mu,\frac{\sigma^2}{N})$。设 N 充分大，则：

$$\frac{\bar{x}-\mu}{\frac{\sigma}{\sqrt{N}}} \sim N(0,1)$$

若以有限 n 次测量的标准偏差 s，代替无穷 N 次测量的标准偏差 σ，则

$$\frac{\bar{x}-\mu}{\frac{s}{\sqrt{n}}} \sim t(v) \tag{3-2}$$

式中：v——自由度。

式(3-2)服从 t 分布的表示式，当自由度 v 趋于∞时，s 趋于 σ，$t(v)$ 趋于$N(0,1)$。

t 分布是一般形式，而标准正态分布是特殊形式，$t(v)$ 成为标准正态分布的条件是当自由度 v 趋于∞（图 3-6）。

对于 t 分布，t 变量处于$[-t_p(v),+t_p(v)]$内的概率为 p，$t_p(v)$ 为其临界值(图 3-7)。

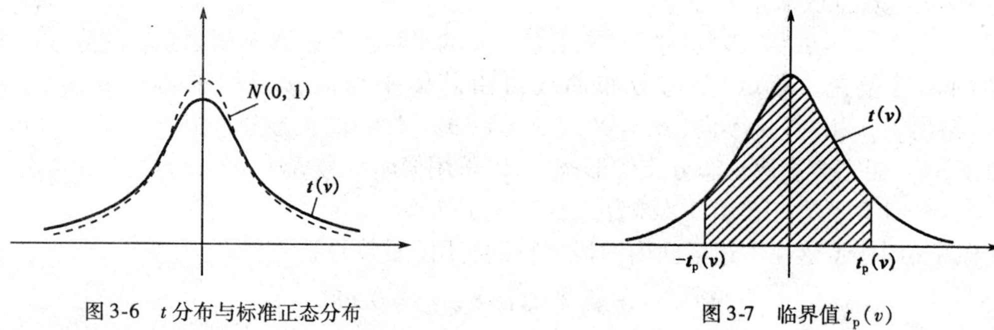

图 3-6　t 分布与标准正态分布　　图 3-7　临界值 $t_p(v)$

五、统计分布中常见术语的图解

统计分布中常见的术语（以标准正态分布为例）示于图 3-8，图中：

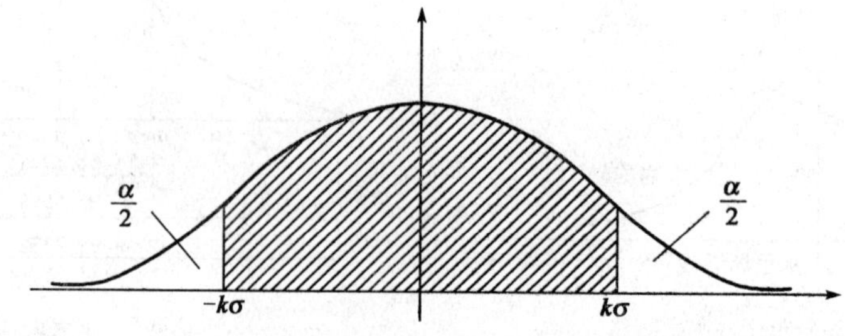

图 3-8　统计分布中常见术语图解

（1）置信水平（置信概率，置信度）以 p 表示。

（2）显著性水平（显著度）以 a 表示，$a=1-p$。

(3)置信区间以[$-k\sigma$,$k\sigma$]表示。

(4)置信因子以 k 表示,当分布不同时,k 值也不同。

对于正态分布而言,k,p 的对应值见表3-3。

正态分布 k,p 对应值 表3-3

p(%)	50	68.27	90	95	95.45	99	99.73
k	$\frac{2}{3}\approx 0.67$	1	1.65	1.96	2	2.58	3

第二节 常用数理统计工具

一、调查表

在进行统计工作时,首先要收集数据,收集来的数据要规范化、表格化。统计分析用的调查表,是对数据进行整理和初步分析原因的一种工具。

针对不同的需要,常用的格式有:

(1)不合格项目分类统计调查表。如混凝土施工可按配合比、拌和、运输、浇筑、振捣逐一统计;也可统计不合格的频率和百分比,并可分析不合格的原因。

(2)工序质量特性分类统计分析调查表。可以对各种参数分别给予统计分析,找出产生问题的主要原因。

(3)调查缺陷位置的统计分析调查表。

二、分层法

分层法是将所有收集的数据按照数据来源、性质、使用目的和要求,分类加以归纳、总结和分析,以便准确有效地找出问题及其原因,这就是分层法的基本思想。例如一个焊工班组有A、B、C三位工人实施焊接作业,共抽检60个焊接点,发现有18点不合格,占30%,究竟问题在哪里?根据分层调查的统计数据表3-4可知,主要是作业工人C的焊接质量影响了总体的质量水平。

分层调查的统计数据表 表3-4

作业工人	抽检点数	不合格点数	个体不合格率	占不合格点总数百分率
A	20	2	10%	11%
B	20	4	20%	22%
C	20	12	60%	67%
合计	60	18	—	100%

分层法是数据分析的一项基本工作。根据管理需要和统计目的,通常可按照以下分层方法取得原始数据。

(1)按施工时间分:月、日、上午、下午、白天、晚间、季节;

(2)按地区部位分:地域、城市、乡村、楼层、外墙、内墙;

(3)按产品材料分:产地、厂商、规格、品种;

(4)按检测方法分:方法、仪器、测定人、取样方式;

(5)按作业组织分:工法、班组、工长、工人、分包商;
(6)按工程类型分:住宅、办公楼、道路、桥梁、隧道;
(7)按合同结构分:总承包、专业分包、劳务分包。

三、因果图

因果图又称“特性要因图”,也有人根据其图形如鱼骨状或树枝状,称其为“鱼骨图”或“树枝图”。这是一种逐步深入研究和讨论质量问题的图示方法。它把对质量问题有影响的一些重要因素加以分析和分类,依照这些原因的大小次序在同一张图上分别用主干、大枝和小枝图形表示出来,即为因果图。有了因果图就可以对因果做出明确而系统的整理,从而可一目了然、系统的观察所产生质量问题的原因,有利于研究解决的办法。

在进行因果分析过程中,对那些认为比较重要的因素,要用特殊记号标注说明,然后根据查找出来的问题,从大到小,通过研究绘制出对策表,针对查找出的影响质量的因素,制订对策,落实解决办法。例如图3-9表示混凝土强度不合格的原因分析,其中,把混凝土施工的生产要素,即人、机械、材料、施工方法和施工环境作为第一层面的因素进行分析;然后对第一层面的各个因素,再进行第二层面的可能原因的深入分析。依此类推,直至把所有可能的原因,分层次地一一罗列出来。

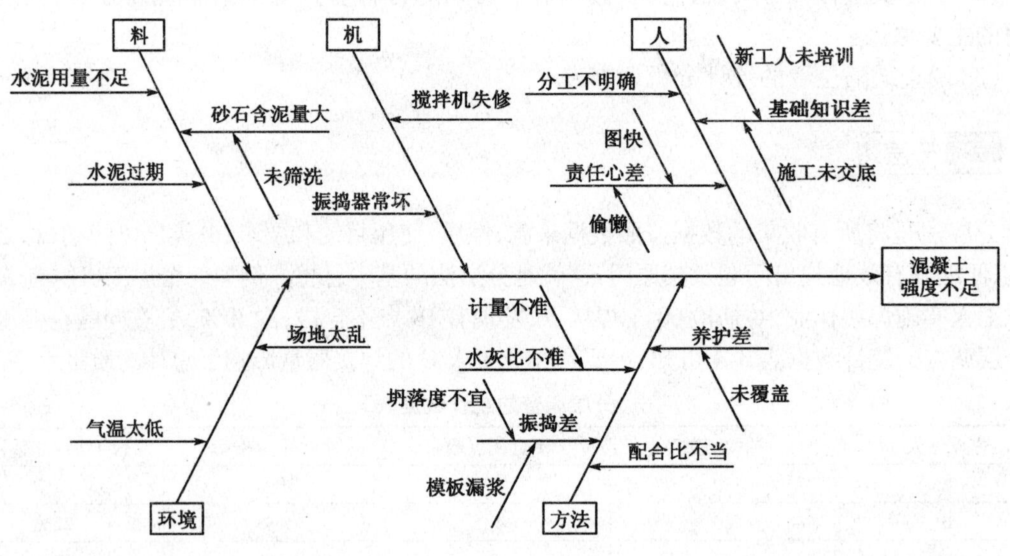

图3-9 混凝土强度不合格因果图

四、排列图

在质量管理过程中,通过抽样检查或检验试验所得到的质量问题、偏差、缺陷、不合格等统计数据,以及造成质量问题的原因分析统计数据,均可采用排列图方法进行状况描述,它具有直观、主次分明的特点。

表3-5表示对某项模板施工精度进行抽样检查,得到150个不合格点数的统计数据。然后按照质量特性不合格点数(频数)从大到小的顺序,重新整理为表3-6,并分别计算出累计频数和累计频率。

模板施工精度抽样检查统计表 表3-5

序 号	检查项目	不合格点数	序 号	检查项目	不合格点数
1	轴线位置	1	5	水平面平度	15
2	垂直度	8	6	表面平整度	75
3	标高	4	7	预埋设施中心位置	1
4	截面尺寸	45	8	预留孔洞中心位置	1

检查项目不合格累计频率表 表3-6

序 号	项 目	频 数	频率(%)	累计频率(%)
1	表面平整度	75	50.0	50.0
2	截面尺寸	45	30.0	80.0
3	平面水平度	15	10.0	90.0
4	垂直度	8	5.3	95.3
5	高程	4	2.7	98.0
6	其他	3	2.0	100.0
合计		150	100	

根据表3-6的统计数据画排列图,如图3-10所示,并将其中累计频率0~80%定为A类问题,即主要问题,进行重点管理;将累计频率在80%~90%区间的问题定为B类问题,即次要问题,作为次重点管理;将其余累计频率在90%~100%区间的问题定为C类问题,即一般问题,按照常规适当加强管理。以上方法称为ABC分类管理法。

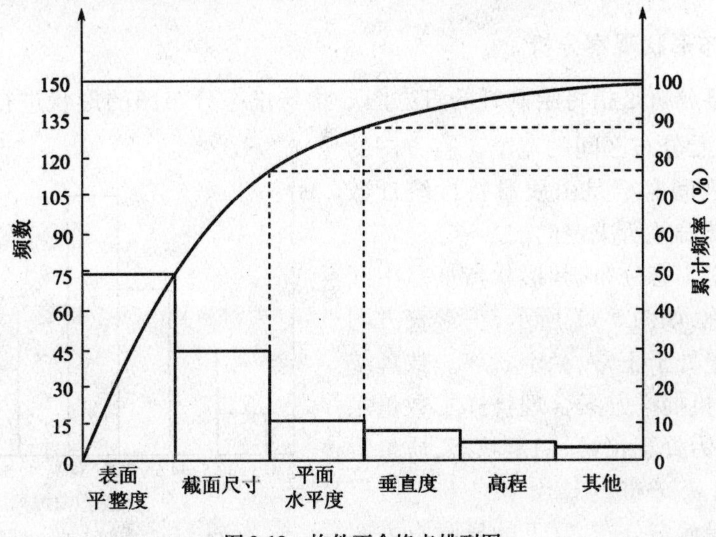

图3-10 构件不合格点排列图

五、直方图

直方图是通过对数据的加工处理，从而分析和掌握质量数据的分布和估算工序不合格品率的一种方法。直方图有频数直方图和频率直方图两种，其中以频数直方图使用较多。样本数据频数直方图，是指将样本观测值 X_1、X_2、…、X_n 进行适当的分组，然后计算各组中数据的个数。以样本取值范围为横坐标，以频数为纵坐标，将按样本序列划分的组及其频率的柱状图连续画在图中而得。

例如表 3-7 为某工程 10 组试块的抗压强度数据 50 个，但很难直接判断其质量状况是否正常、稳定和受控情况，如将其数据整理后绘制成直方图，就可以根据正态分布的特点进行分析判断，如图 3-11 所示。

数据整理表　　表 3-7

序号	抗压强度数据					最大值	最小值
1	39.8	37.7	33.8	31.5	36.1	39.8	31.5
2	37.2	38.0	33.1	39.0	36.0	39.0	33.1
3	35.8	35.2	31.8	37.1	34.0	37.1	31.8
4	39.9	34.3	33.2	40.4	41.2	41.2	33.2
5	39.2	35.4	34.4	38.1	40.3	40.3	34.4
6	42.3	37.5	35.5	39.3	37.3	42.3	35.5
7	35.9	42.4	41.8	36.3	36.2	42.4	35.9
8	46.2	37.6	38.3	39.7	38.0	46.2	37.6
9	36.4	38.3	43.4	38.2	38.0	43.4	36.4
10	44.4	42.0	37.9	38.4	39.5	44.4	37.9

（一）通过分布形状观察分析

所谓形状观察分析是指将绘制好的直方图形状与正态分布图的形状进行比较分析，一看形状是否相似，二看分布区间的宽窄。直方图的分布形状及分布区间宽窄是由质量特性统计数据的平均值和标准偏差所决定的。

正常直方图呈正态分布，其形状特征是中间高、两边低、成对称，如图 3-11 所示，正常直方图反应生产过程质量处于正常、稳定状态。数理统计研究证明，当随机抽样方案合理且样本数量足够大时，在生产能力处于正常、稳定状态，质量特性检测数据趋于正态分布。

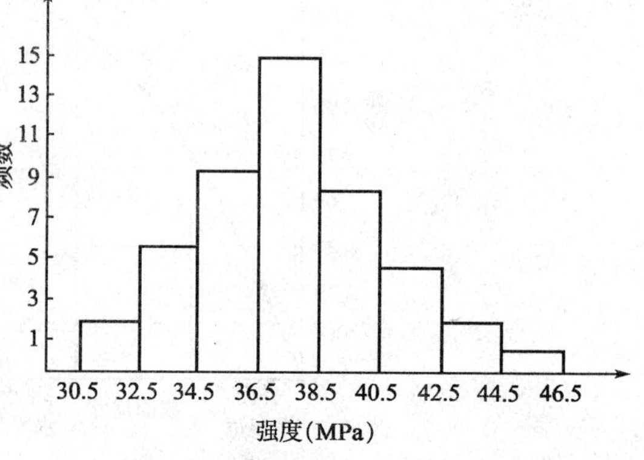

图 3-11　混凝土强度分布直方图

异常直方图呈偏态分布，常见的异常直方图

有以下几种类型：

（1）孤岛型。直方图两边出现孤立小岛。造成原因如材料发生变化，测试有误差等。

（2）双峰型。直方图中出现两个山峰，这主要是数据来自两个不同分布的总体，此时应加以分层。

（3）折齿型。直方图出现凹凸不平的形状。这主要是数据分组太多，测量仪器误差过大等造成，此时应重新收集和整理数据。

（4）陡壁型。直方图向一边倾斜，这是由收集数据不正常所至。

（5）偏态型。当受上、下限的限制时，多发生偏态型。下限受到限制时，多发生左偏，上限受到限制时，多发生右偏。

（6）平顶型。直方图没有突出的顶峰，呈平顶型，这可能是数据源于多个不同分布的总体，也可能是质量特性在某区间中均匀变化。

（二）通过分布位置观察分析

所谓位置观察分析是指将直方图的分布位置与质量控制标准的上下限范围进行比较分析，如图3-12所示。

生产过程的质量正常、稳定和受控，还必须在公差标准上、下界限范围内达到质量合格的要求。只有这样的正常、稳定和受控才是经济合理的受控状态，如图3-12a）所示。

图3-12b）中质量特性数据分布偏下限，易出现不合格，在管理上必须提高总体能力。

图3-12c）中质量特性数据的分布充满上下限，质量能力处于临界状态，易出现不合格，必须分析原因，采取措施。

图3-12d）中质量特性数据的分布居中且边界与上下限有较大的距离，说明质量能力偏大，不经济。

图3-12e）、f）中均已出现超出上下限的数据，这些数据说明生产过程存在质量不合格，需要分析原因，采取措施进行纠偏。

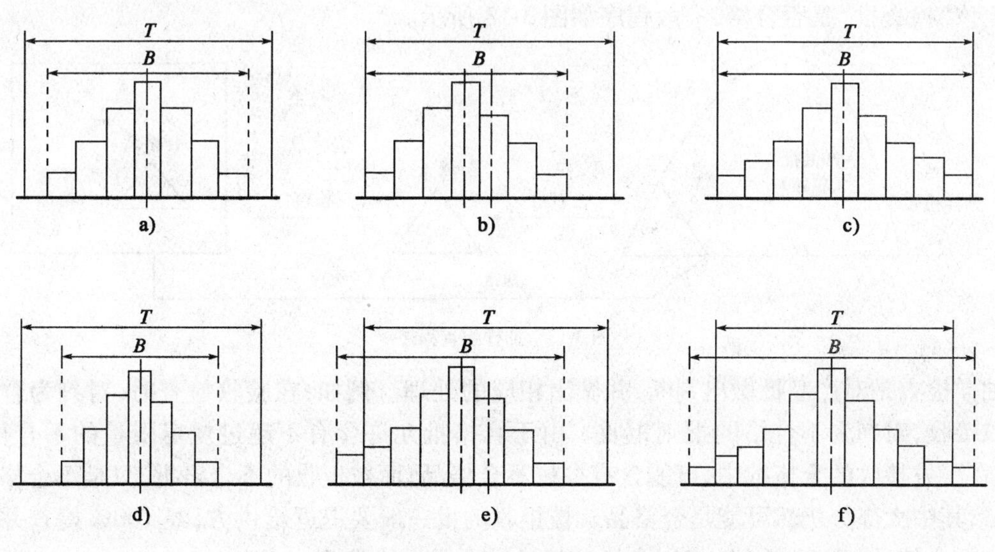

图3-12　直方图与质量标准上下限

第三节 抽样技术基本概念

一、相关技术术语

1. 抽样分布

抽样分布是指统计量的分布。

2. 抽样方案

抽样方案是指所使用的样本量和有关批接受准则的组合。根据批量大小、接收质量限检验严格程度等因素定出样本大小和判定数组，有了这两个参数就可以对给定的批进行抽样和判定。

3. 抽样程序

使用抽样方案判断批接收与否的过程。

4. 抽样框

关于抽样单元的完整名录。

二、全数检查和抽样检查

查批量生产的产品一般有两种方法，即全数检查和抽样检查。全数检查是对全部产品逐个进行检查，区分合格品和不合格品，检查对象是单个产品。全数检查也称为100%检查，目的是剔除不合格品，进行返修或报废。抽样检查的对象可以是静态的“批”（有一定的产品范围）或是动态的“过程”（没有一定的产品范围），统称为总体。多数情况是对批的检查，即从批中抽取规定数量的产品作为样本进行检查，再根据所得到的质量数据和预先规定的判定规则来判定该“检查批”是否合格，一般程序如图3-13所示。

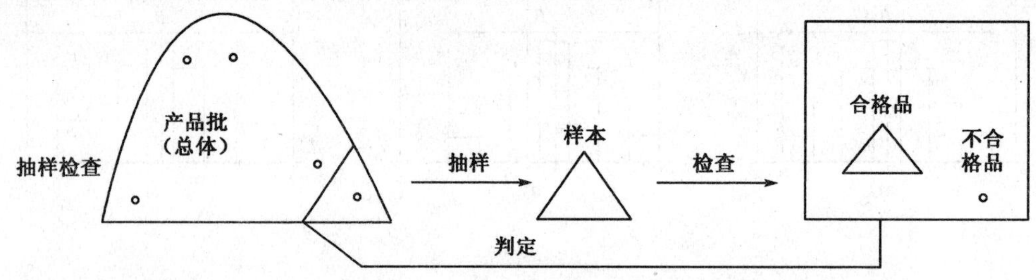

图3-13 抽样检查程序

抽样检查是对产品批做出判断，并做出相应的处理。例如：在验收检查时，对判为合格的批予以接收，对判为不合格的批则拒收。由于合格批允许含有不超过规定限量的不合格品。因此，在需方接收的合格批中，可能含有少量不合格品；而被拒收的不合格批，只是不合格品超过限量，其中大部分仍然可能是合格品。被拒收的批一般要退返给供方，经100%检查并剔除其中的不合格品（报废、返修）或用合格品替换后再提供检查。

鉴于批内单位产品质量的波动性和样本抽取的偶然性，抽样检查的错判往往是不可避免的,即有可能把合格批错判为不合格,也可能把不合格批错判为合格。因此,供方和需方都要承担风险,这是抽样检查的缺陷。与全数检查相比,其明显的优势是经济性,因为它只从批中抽取少量产品,只要合理设计抽样方案,就可以将抽样检查固有的错判风险控制在可接受的范围内。

现代抽样检查方法建立在概率统计基础上,主要以假设检验为其理论依据。抽样检查所研究的问题包括3个方面:一是如何从批中抽取样品,即采用什么样的抽样方式;二是从批中抽取多少个单位产品,即取多大规模的样本大小;三是如何根据样本的质量数据来判定产品是否合格,即怎样预先确定判定规则。样本大小和判定规则即构成了抽样方案。因此,抽样检查可以归纳为:采用什么样的抽样方式抽样才能保证抽样的代表性,如何设计抽样方案才是合理的。抽样方案的设计以简单随机抽样为前提,为适应于不同的使用目的,抽样方案的类型可以是多种多样的。至于样品的检查方法、检测数据的处理等,则不属于其研究的对象。

三、抽样检查的基本概念

(一)单位产品、批和样本

(1)单位产品是能被单描述和考虑的一个事物,是为实施抽样检查的需要而划分的基本单位。它有时可以自然划分,例如:一只灯泡、一台电视机可以作为一个单位产品,一双鞋也可以作为一个单位产品。有些则不可能自然划分,而根据抽样检查的需要划分,例如:连续体的棉布,可以一尺布、一丈布甚至一匹布作为单位。对液态产品(如硫酸)和散状产品(如糖、盐、化肥),则可按包装单位划分,例如:一瓶硫酸、一袋糖等。有时对一件件生产出来的小型产品,也可按包装单位划分,例如:一箱螺丝钉。但对有些产品,诸如液体、气体、固体的化工产品以及煤炭等散装货物,则很难划分为单位产品,对它们的抽样检查可参见相关专业标准的规定。

(2)按照抽样的目的,在基本相同的条件下组成总体的一个确定部分,称为检查批或批,它是抽样检查和判定的对象。一个批通常是由在基本稳定的生产条件下,在同一生产周期内生产出来的同形式、同等级、同尺寸以及同成分的单位产品构成的。该批包含的单位产品数,称为批量,通常用符号 N 表示。从一个批序列中分离出来的,不属于当前批序列的批称为孤立批。在特定条件下组成的,不属于常规序列的批称为单批或个体。批中确定的一部分称为子批。

(3)从批中抽取用于检查的单位产品,称为样本单位,有时也称为样品。样本单位的全体,称为样本。样本中所包含的样本单位数,称为样本大小,通常用符号 n 表示。

(二)单位产品的质量及其特性

(1)单位产品的质量是以其质量性质特性表示的,简单产品可能只有一项特性,大多数产品具有多项特性。质量特性可分为计量值和计数值两类,计数值又可分为计点值和计件值。

计量值在数轴上是连续分布的,用连续的量值来表示产品的质量特性。例如:机械零部件的尺寸、金属材料的机械性能、化工产品的化学成分、灯泡的寿命等。当单位产品的质量特性是用某类缺陷的个数度量时,即称为计点的表示方法。例如:一个铸件上的气泡或砂眼数、一块棉布上的疵点数等。某些质量特性不能定量地度量,而只能简单地分成合格和不合格,或者分成若干等级,这时就称为计件的表示方法。例如:产品的外观特性。计点值和计件值统称计数值，显然计数值在数轴上是离散分布的。

(2)在产品的技术标准或技术合同中，通常都要规定质量特性的判定标准。对于用计量值表示的质量特性，可以用明确的量值作为判定标准。例如：规定上限或下限，也可以同时规定上、下限。对于用计点值表示的质量特性，也可以对缺陷数规定一个界限。至于缺陷本身的判定，除了靠经验外，也可以规定判定标准。例如：棉布的某种疵点直径超过2.0mm的才算缺陷。对于用计件值表示的质量特性，则不能用一个明确的量值作为标准，而是直接判定该项是否合格。例如：与参考物质、标准样品、标准照片等进行对比，有的则只能根据文字描述，靠检查人员的经验判断。

(3)在产品质量检验中，通常先按技术标准对有关项目分别进行检查，然后对各项质量特性按标准分别进行判定，最后再对单位产品的质量做出判定。这里涉及“不合格”和“不合格品”两个概念。前者是对质量特性的判定；后者是对单位产品的判定。单位产品的质量特性不符合规定，即为不合格。按质量特性表示单位产品质量的重要性，或者按质量特性不符合的严重程度，不合格可分A类、B类、C类。A类不合格最为严重，B类不合格次之，C类不合格最为轻微。在判定质量特性的基础上，对单位产品的质量进行判定。只有全部质量特性符合规定的单位产品才是合格品；有一个或一个以上不合格的单位产品，即为不合格品。不合格品也可分为A类、B类、C类。A类不合格品最为严重，B类不合格品次之，C类不合格品最轻微。不合格品的类别是按单位产品中包含的不合格的类别来划分的。

确定单位产品是合格品还是不合格品的检查，称为“计件检查”。只计算不合格数，不必确定单位产品是否合格品的检查，称为“计点检查”。两者统称为“计数检查”。用计量值表示的质量特性，在不符合规定时也判为不合格。因此，也可用计数检查的方法。“计量检查”是对质量特性的计量值进行检查和统计，故对所涉及的质量特性应予分别检查和统计。

(三)批的质量

抽样检查的目的是判定批的质量，而批的质量是根据其所含的单位产品的质量统计出来的。根据不同的统计方法，批的产量可以用不同的方式表示。

对于计件检查，可以用(总体或批)不合格品率p表示，即：

$$p = \frac{D}{N} \times 100\%$$

式中：D——总体或批中的不合格品数；

N——总体量或批量。

在进行概率计算时，可用(总体或批)不合格品率p或其小数形式表示。例如：不合格品率为5%或0.05。对不同的试验组或不同类型的不合格品应予分别统计。由于不合格品是不能重复计算的，即一个单位产品只可能被一次判为不合格品。因此，每百单位产品不合格品数必然不会大于100。

对于计点检查，可以用(总体或批)不合格率p表示，即：

$$p = \frac{D}{N} \times 100\%$$

式中：D——总体或批中的不合格数；

N——总体量或批量。

在进行概率计算时，可用（总体或批）不合格率 p 或其小数形式表示。对不同试验组或不同类型的不合格，应予分别统计。对于具有多项质量特性的产品来说，一个单位产品可能会有一个以上的不合格，即批中不合格总数有时会超过批量。因此，每百单位产品不合格数有时会超过100。

对于计点检查，当 N 足够大时，可以用批的平均值 μ 和标准偏差 σ 表示，即：

$$\mu = \frac{\sum_{i=1}^{N} x_i}{N}$$

$$\sigma = \sqrt{\frac{\sum_{i=1}^{N} (x_i - \mu)^2}{N-1}}$$

式中：x——某一个质量特性的数值；

x_i——第 i 个单位产品该质量特性的数值。

对每个质量特性值应予分别计算。

（四）样本的质量

样本的质量是根据各样本单位的质量统计出来的，而样本单位是从批中抽取的用于检查的单位产品。因此，表示和判定样本的质量的方法，与单位产品是相似的。

对于计件检查，当样本大小 n 一定时，可用样本的不合格品数即样本中所含的不合格品数 d 表示。对不同类的不合格品应予分别计算。

对于计点检查，当样本大小 n 一定时，可用样本的不合格数即样本中所含的不合格数 d 表示。对不同类的不合格应予分别计算。

对于计量检查，则可以用样本的平均值 $\bar{x}$ 和标准偏差 s 表示，即：

$$\bar{x} = \frac{\sum_{i=1}^{n} x_i}{n}$$

$$s = \sqrt{\frac{\sum_{i=1}^{n} (x_i - \bar{x})^2}{n-1}}$$

对每个质量特性值应予分别计算。

四、计数抽样和计量抽样简介

（一）计数抽样检查

计数抽样检查包括计件（统计不合格品数）的抽样和计点（统计不合格数）的抽样。当以样本的不合格品数作为批合格的判定依据时，称为计件抽样检查；当以样本的不合格数作为判定依据时，称为计点抽样检查。

1. 对批质量的要求和判定

抽样检查的目的是通过抽查判定批是否合格。因此，必须事先规定合格的标准。需方总是希望批中所含的不合格品数越小越好，但是要求批中完全不含不合格品是不现实的。因此，应当允许批中含有少量的不合格品，这个"少量的"上限值就是合格质量水平，它是计数抽样检查中认为可接受的批质量上限值。取当 $p \leqslant p_0$（p_0 为上限值）时，认为批质量是合格的，该批可以接收；而当 $p > p_0$ 时，认为批质量是不合格的，应当拒收。p_0 的数值反映了对批质量的要求。可根据产品的重要程度和不合格品的等级，在技术文件中规定或者由供方和需方协商确定。

抽样检查时实际上无法确知批质量 p 的数值，而只能根据样本的质量推断批的质量。由于样本对批具有一定的代表性，可以认为当样本大小 n 确定时，样本中的不合格品数 d 越小，则批的质量越好，即 p 值越小。因此，理应规定一个合适的非负整数 A_c（$A_c < n$），当 $d \leqslant A_c$ 时 $p \leqslant p_0$，判定批合格；当 $d \geqslant A_c + 1$ 时 $p > p_0$，判定批不合格。这个非负整数 A_c 就是合格判定数，它连同样本大小 n 构成了一次计数抽样方案，通常用 $[n, A_c]$ 表示。

由于抽样的不确定性，可能从质量好的批中会抽到质量差的样本，也可能从质量差的批中会抽到质量好的样本，从而做出错误的判断。抽样方案设计的任务就是确定合适的 n 和 A_c 的数值，将犯这两类错误的可能性控制在合理的范围内。

2. 批合格概率

一个批被判为合格的可能性通常用批合格概率表示，也称它为接收概率，用 $L(p)$ 表示。由于已经规定 $d \leqslant A_c$ 时批合格，所以批合格率应为 $d \leqslant A_c$ 这个事件发生的概率，记为 $P(d \leqslant A_c)$；而批不合格概率可表示为 $1 - P$。显然，$d = 0, 1 \cdots A_c$，都符合 $d \leqslant A_c$ 的要求。因此，$d \leqslant A_c$ 这个事件发生的概率可以表示为累积概率的形式，即：

$$P_a = P(d \leqslant A_c) = P(d=0) + P(d=1) + \cdots + P(d=A_c) = \sum_{d=0}^{A_c} P(X=d)$$

式中：　X——样本中的不合格品数；

$P(X=d)$——X 的取值为 d（$d = 0, 1 \cdots A_c$）时的概率；

$\sum_{d=0}^{A_c} P(X=d)$——d 为 0 至 A_c 的累积概率。

不同条件下批合格率，可以根据不同的概率分布公式算得。

3. 计数标准型抽样检查

计数标准型抽样方案可以同时保护供方和需方的利益。当批的质量处于合格质量水平 $p = p_0$ 时，为了保护供方的利益，应以高概率 $1 - \alpha$ 接收。在满足这个要求的前提下，由于批合格概率 P_a 是随着 p 值的增加而逐渐减小的，对于 p 值超出合格界限值 p_0 但尚未超出某一个极限值 p_1 的不合格批，仍然有一定的概率被接收；只有当 p 值超出 p_1 值时，才能保证其基本上不被接收。这个极限值 p_1，称为不合格质量水平或极限质量，它也是事先应确定的一个质量指标。为了保护需方的利益，处于不合格质量水平 $p = p_1$ 的批应以低概率 β 接收。α 称为第Ⅰ种错判率，也称为供方风险；β 称为第Ⅱ种错判率，也称为需方风险。当事先规定 p_0、p_1、α、β 这 4 个参数后，即可确定一个合适的抽样方案。计数标准型抽样方案要抽取较大的样本，根据国家标准《不合格品百分数的计数标准型　一次抽样检验程序及抽样表》（GB/T 13262—2008）即可查出相应的抽样方案。通常事先规定 $\alpha = 0.05$，$\beta = 0.10$。因此，抽样方案仅由 p_0 和 p_1 值确定，即由抽样表查出 p_0 和 p_1 所在的范围，在其交叉处查找出抽样方案 $[n, A_c]$。

4. 计数调整型抽样检查

计数标准型抽样适用于孤立批检查，它是通过同时规定合格质量水平 p_0 和不合格质量水

平 p_1，以及较小的供方风险（$\alpha=0.05$）和需方风险（$\beta=0.10$），来达到同时保护双方利益的目的。它所付出的代价是抽取较大的样本，因而检查费用较高。计数调整型抽样方法适用于连续批检查，只规定合格质量水平（*AQL*）一个质量指标，但须有可供利用的已检批质量信息，并采取所谓“抽样方案严格度”的措施。从而既可减少样本量，又可达到同时保护供需双方利益的目的。然而，这种保护不是就单个批的质量而言，而是针对批的平均质量即过程平均而言的。长期使用这种抽样检查方法，可以保护接收批的过程平均满足规定的 *AQL*。国家标准《计数抽样检验程序　第 1 部分：按接收质量限（*AQL*）检索的逐批检验抽样计划》（GB/T 2828.1—2012）所规定的抽样方法，即属于计数调整型。对于一个确定的 *AQL*，该国标提供的抽样方案不止一个，除了抽样方案严格度可以调整外，不同的抽样方案类型（一次、二次和五次）、批量 *N*、检查水平 *IL* 都可以调整。实际上该国标确定抽样方案的 5 个参数中，除了严格度外的 4 个是事先已确定的，而严格度则可以按照转移规则随时转移。因此，要把不同严格度的抽样方案查找出来备用。抽样方案的确定程序如图 3-14 所示。

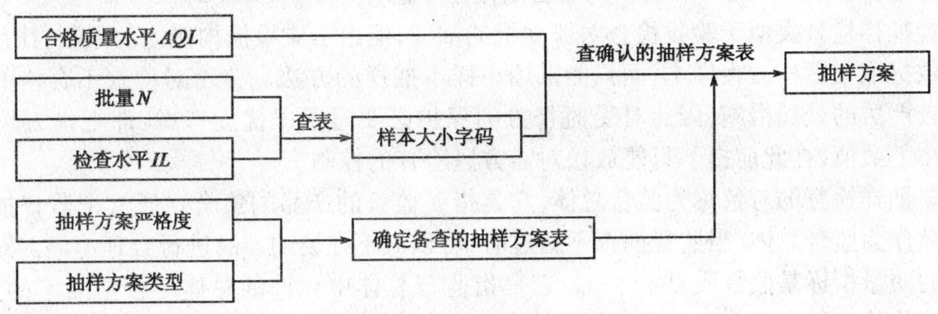

图 3-14　抽样方案的确定程序

（二）计量抽样检查

当以样本单位的计量特性值为判定依据时，称为计量抽样检查。它只适合于单位产品的质量特性是以计量的方式表示的场合，且对每个质量特性要分别检查。计量抽样检查可以对批的平均值提出要求；也可以对批的不合格品率提出要求。对于后者，批的质量以计数的方法表示，但样本的质量仍以计量的方法表示。

对于计量的质量特性，可以采用计量抽样检查的方法；也可以将其包含在计数抽样检查的试验组中。采用计数抽样检查的优点，是可以把若干个检查项目组成一个试验组，而计量抽样检查则要对每一个计量的质量特性分别进行检查。由于计量抽样能够更多地利用产品质量的信息，与计数抽样相比，为达到同样的效果而抽取的单位产品要少得多。在检查项目较多时，以采用计数抽样的方法比较有利；而在检查项目较少且样品的检查费用较高时，则采用计量抽样的方法比较有利。对重要的计量检测项目，则要求采用计量的抽样检查方法。

五、验收抽样和监督抽样简介

（一）验收抽样检查

目前抽样检查的理论研究和实际应用，以及通行的国际标准和国外先进标准大多是针对验收检查的场合。验收检查是指需方（即第二方）对供方（即第一方）提供的检查批进行抽样检查，以判定该批是否符合规定的要求，并决定对该批是接收还是拒收。验收检查也可以委托独立于供需双方的第三方进行。由供方检验机构进行的出厂检验，从广义上有时也可归类于验收检查。我国已经大量采用了适用于验收检查的国际标准和国外先进标准，比较典型的国家标准有《不合格品百分数的计数标准型一次抽样检查程序及抽样表》(GB/T 13262—2008)《计数抽样检验程序　第1部分：按接收质量限(AQL)检索的逐批检验抽样计划》(GB/T 2828.1—2012)等。

(二)监督抽样检查

在我国，产品质量监督是一项独具特点的宏观质量管理工作，其目的是利用统计抽样检查方法对产品的质量进行宏观调控。为了统一质量监督抽样检查方法，我国从1993年开始已经陆续发布了5项适用于不同场合抽样检查的国家标准，其中比较典型的有《产品质量监督计数一次抽样检验程序及抽样方案》(GB/T 14437—1997)、《产品质量监督小总体计数一次抽样检验及抽样表》(GB/T 15482—1995)。这两个国标均以计数抽样来统计不合格品数。前者适用于大总体($N>250$且$N/n>10$)，后者适用于小总体($10\leqslant N\leqslant 250$)。

监督抽样检查类似于验收检查对孤立批的抽样，但由于质检机构能力的限制，往往不可能采用计数标准型那样的大样本，而只能采用小样本抽样的方法。鉴于对检查不合格的企业可能采取较严厉的处罚措施，因此对受监督方的保护必要时予以优先考虑，即把供方风险α控制为较小的数值，在此前提下只能放松对需方风险β的控制。

监督抽样检查的对象称为监督总体，它是指受监督的产品的集合。通常把监督抽查时在场的产品作为监督总体，当监督抽查不通过时，可以对不在场的产品进行合理追溯。对监督总体规定的质量指标是监督质量水平p_0，它是指监督总体中允许的总体不合格品率的上限值，类同于验收检查场合的合格质量水平。当有必要对抽样方案的监督检查功效进行验核时，须事先规定一个大于p_0的某值p_1作为不合格质量水平或极限质量。

监督抽样检查的抽样方案表示为$[n,R_e]$，其中R_e称为不通过判定数，R_e和A_c的关系为$R_e=A_c+1$。抽样方案的两类错判概率α和β，分别称为错判风险和漏判风险，其中取$\alpha=0.05$，β随规定的p_1值和监督检查等级而变，数值$(1-\beta)$称为监督检查功效。可根据事先规定的p_0和监督检查等级，从抽样方案表中查找抽样方案。监督检查等级反映了对监督检查功效的要求和样本量的规模。等级越高则功效越高，样本量也越大。在GB/T 14437—1997中，监督检查等级与相应的抽样方案中R_e的数值相一致。

在质量监督场合，同样也把不合格品分为A、B、C三类，对不同类别不合格品的质量特性要分别组成不同的试验组，按相应的抽样方案分别进行抽样检查。对某一个试验组若$d<R$，则判定该组不可通过。只有当所有试验组都判定为可通过时，才能判定监督总体可通过或监督抽查合格；否则，应判定监督总体不可通过或监督抽查不合格。鉴于监督抽查同样控制了较小的错判风险α。因此，判定监督总体不可通过的可靠程度较高。相反，由于漏判风险较大，特别是在样本量较小时，判定监督总体可通过的可靠程度较低，此时质量监督部门对监督总体不负确认总体合格的责任。

六、抽样方法简介

从检查批中抽取样本的方法称为抽样方法。抽样方法的正确性是指抽样的代表性和随机性。代表性反映样本与批质量的接近程度，而随机性反映检查批中单位产品被抽入样

本纯属偶然，即由随机因素所决定。在对总体质量状况一无所知的情况下，显然不能以主观的限制条件去提高抽样的代表性，抽样应当是完全随机的，这时采用简单随机抽样最为合理。在对总体质量构成有所了解的情况下，可以采用分层随机或系统随机抽样来提高抽样的代表性。在采用简单随机抽样有困难的情况下，可以采用代表性和随机性较差的分段随机抽样或整群随机抽样。这些抽样方法除简单随机抽样外，都是带有主观限制条件的随机抽样法。通常只要不是有意识地抽取质量好或坏的产品，尽量从批的各部分抽样，都可以近似地认为是随机抽样。

(一)简单随机抽样

根据《随机数的产生及其在产品质量抽样检验中的应用程序》(GB/T 10111—2008)规定，简单随机抽样是指“从含有 N 个个体的总体中抽取 n 个个体，使包含有 n 个个体的所有可能的组合被抽取的可能性都相等”。显然，采用简单随机抽样法时，批中的每一个单位产品被抽入样本的机会均等，它是完全不带主观限制条件的随机抽样法。操作时可将批内的每一个单位产品按 1 到 N 的顺序编号，根据获得的随机数抽取相应编号的单位产品，随机数可按国标用掷骰子，或者抽签、查随机数表等方法获得。

(二)分层抽样

如果一个批是由质量明显差异的几个部分所组成，则可将其分为若干层，使层内的质量较为均匀，而层间的差异较为明显。从各层中按一定的比例随机抽样，即称为分层按比例抽样。例如，一个焊工班组有技术水平明显不同的 A、B、C 三位工人实施焊接作业，共计完成焊接点 500 个，其中 A 完成 125 个，B 完成 280 个，C 完成 95 个。为了检查该班组焊接点质量水平，要从中抽取 100 个样本，由于焊接点质量与焊工技术水平有关，可采用分层抽样方法，按 1∶5 比例，分别从 A、B、C 完成焊接点中抽取 125/5、280/5、95/5(即 25，56，19)个进行检查。

在正确分层的前提下，分层抽样的代表性比较好。但是，如果对批的质量的分布不了解或者分层不正确，则分层抽样的效果可能会适得其反。

(三)系统抽样

将总体中的抽样单元按一定顺序排列，在规定的范围内随机抽取一个或一组初始单元，然后按照一定规则确定其他样本单元的抽样叫系统抽样。系统抽样分为等距抽样和定位系统抽样。

定位系统抽样是指一个规定样本量的样本，取自于流水线中的某一规定位置或时间，认为它本身所处的环境具有代表性的系统抽样。例如，从流水线或传输装置中抽取散料样品时，系统抽样可按固定距离或固定时间间隔方式抽取样本，每个抽样单元或每份样品的质量应与抽样时的瞬时流量成比例。

等距抽样是将总体中的 N 个抽样单元按照一定顺序排列，n 个样本单元由满足以下关系的单元编号组成：$h, h+k, h+2k \cdots h+(n-1)k$。

其中 h 和 k 是正整数，$nk < N < n(k+1)$，且 h 一般是从前 k 个整数中随机抽取。例如，将批量样品划分为若干层，可采用在每个层中相同位置抽取一份样品的方法进行分层系统抽样。应注意使用系统抽样，抽样的随机性受到限制。

（四）分段抽样

如果先将一定数量的单位产品包装在一起，再将若干个包装单位（例如若干箱）组成批时，为了便于抽样，此时可采用分段抽样的方法：第一段抽样以箱作为基本单元，先随机抽出 k 箱；第二段再从抽到的 k 个箱中分别抽取 m 个产品，集中在一起构成一个样本，而 m 的大小必须满足 $k \times m = n$。分段抽样的代表性和随机性，都比简单随机抽样要差些。

（五）整群抽样

如果在分段抽样的第一段，将抽到的 k 组产品（或对象）中的所有产品（或对象）都作为样本单位，此时即称为整群抽样。例如，要了解某地区的居民的出行情况，若从所有的上百万的居民中直接抽取样本单位，则有许多困难。可以采用整群抽样，以小区为抽样单位，从全部小区中抽出部分小区，对抽中的小区的所有居民进行调查。实际上，整群抽样可以看作是分段抽样的特殊情况，它具有实施方便、节省经费优点，但由于不同群之间的差异往往较大，由此而引起的抽样误差通常大于简单随机抽样。

第四节 数据处理

一、有效数字

（一）（末）的概念

所谓（末），指的是任何一个数最末一位数字所对应的单位量值。例如：用分度值为0.1mm的卡尺测量某物体的长度，测量结果为19.8mm，最末一位的量值0.8mm，即为最末一位数字8与其所对应的单位量值0.1mm的乘积，故19.8mm的（末）为0.1mm。

（二）有效数字的概念

人们在日常生活中接触到的数，有准确数和近似数。对于任何数，包括无限不循环小数和循环小数，截取一定位数后所得的即是近似数。同样，根据误差公理，测量总是存在误差，测量结果只能是一个接近于真值的估计值，其数字也是近似数。

例如：将无限不循环小数 $\pi = 3.141\ 59\cdots$ 截取到百分位，可得到近似数3.14，则此时引起的误差绝对值为：

$$|3.14 - 3.141\ 59\cdots| = 0.001\ 59\cdots$$

近似数3.14的（末）为0.01，因此0.5（末）$=0.5 \times 0.01 = 0.005$ 而 $0.001\ 59\cdots < 0.005$，故近似数3.14的误差绝对值小于0.5（末）。

由此可以得出关于近似数有效数字的概念：当该近似数的绝对误差的模小于0.5（末）时，从左边的第一个非零数字算起，直到最末一位数字为止的所有数字。根据这个概念3.14有3位有效数字。

测量结果的数字，其有效位数反映结果的不确定度。例如：某长度测量值为19.8mm，有效位数为3位；若是19.80mm，有效位数为4位。它们的绝对误差的模分别小于0.5（末），即分别小于0.05mm和0.005mm。

显而易见，有效位数不同，它们的测量不确定度也不同，测量结果19.80mm比19.8mm的不确定度要小。同时，数字右边的“0”不能随意取舍，因为这些“0”都是有效数字。

二、近似数运算

（一）加、减运算

如果参与运算的数不超过10个，运算时以各数中（末）最大的数为准，其余的数均比它多保留一位，多余位数应舍去。计算结果的（末）应与参与运算的数中（末）最大的那个数相同。若计算结果尚需参与下一步运算，则可多保留一位。

例如：$18.3\Omega + 1.4546\Omega + 0.876\Omega$

$= 18.3\Omega + 1.45\Omega + 0.88\Omega = 20.63\Omega \approx 20.6\Omega$

计算结果为20.6Ω。若尚需参与下一步运算，则取20.63Ω。

（二）乘、除（或乘方、开方）运算

在进行数的乘除运算时，以有效数字位数最少的那个数为准，其余的数的有效数字均比它多保留一位。运算结果（积或商）的有效数字位数，应与参与运算的数中有效数字位数最少的那个数相同。若计算结果尚需参与下一步运算，则有效数字可多取一位。

例如：$1.1\text{m} \times 0.3268\text{m} \times 0.10300\text{m}$

$= 1.1\text{m} \times 0.327\text{m} \times 0.103\text{m} = 0.0370\text{m}^3 \approx 0.037\text{m}^3$

计算结果为0.037m^3。若需参与下一步运算，则取0.0370m^3。

乘方、开方运算类同。

三、数值修约

（一）数值修约的基本概念

通过省略原数值的最后若干位数字，调整所保留的末位数字，使最后所得到的值最接近原数值的过程称为数值修约。经数值修约后的数值称为（原数值的）修约值。

修约值的最小数值单位称为修约间隔。修约间隔的数值一经确定，修约值即为该数值的整数倍。例：如指定修约间隔为0.1，修约值应在0.1的整数倍中选取，相当于将数值修约到一位小数。

（二）数值修约规则

1. 确定修约间隔

（1）指定修约间隔为10^{-n}（n为正整数），或指明将数值修约到n位小数；

（2）指定修约间隔为1，或指明将数值修约到“个”数位；

（3）指定修约间隔为10^n（n为正整数），或指明将数值修约到10^n数位，或指明将数值修约到“十”、“百”、“千”……数位。

2. 进舍规则

（1）拟舍弃数字的最左一位数字小于5，则舍去，保留其余各位数字不变。

例：将12.1498修约到个数位，得12；将12.1498修约到一位小数，得12.1。

（2）拟舍弃数字的最左一位数字大于5，则进一，即保留数字的末位数字加1。

例：将1268修约到百数位，得13×10^2（特定场合可写为1300）。“特定场合”指修约间隔

明确时。

(3)拟舍弃数字的最左一位数字是5,且其后有非0数字时进一,即保留数字的末位数字加1。

例:将10.5002修约到个数位,得11。

(4)拟舍弃数字的最左一位数字是5,且其后无数字或皆为0时,若所保留的末位数字为奇数则进一,即保留数字的末位数字加1;若所保留的末位数字为偶数,则舍去。

例:修约间隔为0.1,1.050的修约值为1.0,0.35的修约值为0.4。

(5)负数修约时,先将它的绝对值按(1)~(4)规定进行修约,然后在所得值前面加上负号。

例:修约间隔为10,-355的修约值为-360,-325的修约值为-320。

3.不允许连续修约

拟修约数字应在确定修约间隔或指定修约数位后一次修约获得结果,不得多次按前述进舍规则连续修约。例:修约97.46,修约间隔为1。正确做法:97.46→97;不正确做法:97.46→97.5→98。

在具体实施中,有时测试与计算部门先将获得数值按指定的修约数位多一位或几位报出,而后由其他部门判定。为避免产生连续修约的错误,应按下述步骤进行。

(1)报出数值最右的非零数字为5时,应在数值右上角加“+”或加“-”或不加符号,分别表明已进行过舍、进或未进未舍。例:16.50^{+}表示实际值大于16.50,经修约舍弃为16.50;16.50^{-}表示实际值小于16.50,经修约进一为16.50。

(2)如对报出值需进行修约,当拟舍弃数字的最左一位数字为5,且其后无数字或皆为零时,数值右上角有“+”者进一,有“-”者舍去,其他仍按前述进舍规则进行。例:将实测值修约到个数位(报出值多留一位至几位小数),15.4546(实测值)→15.5^{-}(报出值)→15(修约值)。

4.0.5单位修约与0.2单位修约

在对数值进行修约时,若有必要,也可采用0.5单位修约或0.2单位修约。

0.5单位修约是指按指定修约间隔对拟修约的数值0.5单位进行的修约。其做法如下:将拟修约数值X乘以2,按指定修约间隔对$2X$依前述规则修约,所得数值($2X$修约值)再除以2。

例:将60.25修约到“个”数位的0.5单位修约:60.25→120.50→120→60.0。

0.2单位修约是指按指定修约间隔对拟修约的数值0.2单位进行的修约。其做法如下:将拟修约数值X乘以5,按指定修约间隔对$5X$依前述规则修约,所得数值($5X$修约值)再除以5。

例:将830修约到“百”数位的0.2单位修约:830→4150→4200→840。

四、极限数值的表示与判定

标准(或其他技术规范)中规定考核的以数量形式给出的指标或参数等,应当规定极限数值。极限数值表示符合该标准要求的数值范围的界限值,它通过给出最小极限值和(或)最大极限值,或给出基本数值与极限偏差值等方式表达。

标准中极限数值的表示形式及书写位数应适当，其有效数字应全部写出。书写位数表示的精确程度，应能保证产品或其他标准化对象应有的性能和质量。

(一)表示极限数值的用语

1. 基本用语

(1)表达极限数值的基本用语及符号见表3-8。

(2)基本用语可以组合使用，表示极限值范围。

对特定的考核指标 X，允许采用下列用语和符号(表3-9)。同一标准中一般只应使用一种符号表示方式。

表达极限数值的基本用语及符号 表3-8

基本用语	符号	特定情况下的基本用语			注
大于 A	$>A$		多于 A	高于 A	测定值或计算值恰好为 A 值时不符合要求
小于 A	$<A$		少于 A	低于 A	测定值或计算值恰好为 A 值时不符合要求
大于或等于 A	$\geqslant A$	不小于 A	不少于 A	不低于 A	测定值或计算值恰好为 A 值时符合要求
小于或等于 A	$\leqslant A$	不大于 A	不多于 A	不高于 A	测定值或计算值恰好为 A 值时符合要求

注：表中 A 为极限数值。

对特定的考核指标 X，允许采用的表达极限数值的组合用语及符号 表3-9

组合基本用语	组合允许用语	符号		
		表示方式1	表示方式2	表示方式3
大于或等于 A 且小于或等于 B	从 A 到 B	$A \leqslant X \leqslant B$	$A \leqslant \cdot \leqslant B$	$A \sim B$
大于 A 且小于或等于 B	超过 A 到 B	$A < X \leqslant B$	$A < \cdot \leqslant B$	$>A \sim B$
大于或等于 A 且小于 B	至少 A 不足 B	$A \leqslant X < B$	$A \leqslant \cdot < B$	$A \sim <B$
大于 A 且小于 B	超过 A 不足 B	$A < X < B$	$A < \cdot < B$	

2. 带有极限偏差值的数值

(1)基本数值 A 带有绝对极限上偏差值 $+b_1$ 和绝对极限下偏差值 $-b_2$，指从 $A-b_2$ 到 $A+b_1$ 符合要求，记为 $A^{+b_1}_{-b_2}$。当 $b_1=b_2=b$ 时，$A^{+b_1}_{-b_2}$ 可简记为 $A \pm b$。例：80^{+2}_{-1} mm，批从79mm到82mm符合要求。

(2)基本数值 A 带有相对极限上偏差值 $+b_1\%$ 和相对极限下偏差值 $-b_2\%$，指实测值或其计算值 R 对于 A 的相对偏差值 $[(R-A)/A]$ 从 $-b_2\%$ 到 $+b_1\%$ 符合要求，记为 $A^{+b_1}_{-b_2}\%$。当 $b_1=b_2=b$ 时，$A^{+b_1}_{-b_2}\%$ 可记为 $A(1 \pm b\%)$。例：$510\Omega(1 \pm 5\%)$，指实测值或计算值 $R(\Omega)$ 对于 510Ω 的相对偏差值 $[(R-510)/510]$ 从 -5% 到 $+5\%$ 符合要求。

(3)对基本数值 A，若极限上偏差值 $+b_1$ 和(或)极限下偏差值 $-b_2$ 使得 $A+b_1$ 和(或)$A-b_2$ 不符合要求，则应附加括号，写成 $A^{+b_1}_{-b_2}$(不含 b_1 和 b_2)或 $A^{+b_1}_{-b_2}$(不含 b_1)、$A^{+b_1}_{-b_2}$(不含 b_2)。例：80^{+2}_{-1}(不含2)mm，指从79mm到接近但不足82mm符合要求。

(二)测定值或其计算值与标准规定的极限数值作比较的方法

在判定测定值或其计算值是否符合标准要求时，应将测试所得的测定值或其计算值与标准规定的极限数值作比较，比较的方法可采用全数值比较法和修约值比较法。当标准或有关文件中，对极限数值（包括带有极限偏差值的数值）无特殊规定时，均应使用全数值比较法。如规定采用修约值比较法，应在标准中加以说明。若标准或有关文件规定了使用其中一种比较方法时，一经确定，不得改动。

1. 全数值比较法

将测试所得的测定值或计算值不经修约处理（或虽经修约处理，但应标明它是经舍、进或未进未舍而得），用该数值与规定的极限数值作比较，只要超出极限数值规定的范围（不论超出程度大小），都判定为不符合要求。示例见表3-10。

2. 修约值比较法

将测定值或其计算值进行修约，修约数位应与规定的极限数值数位一致。当测试或计算精度允许时，应先将获得的数值按指定的修约数位多一位或几位报出，然后修约至规定的数位。将修约后的数值与规定的极限数值进行比较，只要超出极限数值规定的范围（不论超出程度大小），都判定为不符合要求。示例见表3-10。

全数值比较法与修约值比较法的示例与比较 表3-10

项目	极限数值	测定值或其计算值	按全数值比较是否符合要求	修约值	按修约值比较是否符合要求
中碳钢抗拉强度（MPa）	≥14×100	1 349	不符合	13×100	不符合
		1 351	不符合	14×100	符合
		1 400	符合	14×100	符合
		1 402	符合	14×100	符合
NaOH的质量分数（%）	≥97.0	97.01	符合	97.0	符合
		97.00	符合	97.0	符合
		96.96	不符合	97.0	符合
		96.94	不符合	96.9	不符合

由上表可知，对同样的极限数值，全数值比较法比修约值比较法相对较严格。

五、测量数据常用表达方法

通过试验检测获得一系列数据，如何对这些数据进行深入的分析，以便得到各参数之间的关系，甚至用数学解析的方法，导出各参数之间的函数关系，这是数据处理的任务之一。测量数据的表达方法通常有表格法、图示法和经验公式法三种。

（一）表格法

用表格来表示函数的方法，在自然科学和工程技术上用得特别多。在科学试验中一系列测量数据都是首先列成表格，然后再进行其他的处理。表格法简单方便，但要进行深入的分析，表格就不能胜任了。首先，尽管测量次数相当多，但它不能给出所有的函数关系；其次，从表格中不易看出自变量变化时函数的变化规律，而只能大致估计出函数是递增的、递减的或是周期性变化的等。列成表格是为了表示出测量结果，或是为了以后的计算方便，同时也是图示法和经验公式法的基础。

表格有两种：一种是试验检测数据记录表，另一种是试验检测结果表。

试验检测数据记录表是该项试验检测的原始记录表，它包括的内容应有试验检测目的、内容摘要、试验日期、环境条件、检测仪器设备、原始数据、测量数据、结果分析以及参加人员和负责人等。

试验检测结果表只反映试验检测结果的最后结论，一般只有几个变量之间的对应关系。试验检测结果表应力求简明扼要，能说明问题。

(二)图示法

在自然科学和工程技术中用图形来表示测量数据是最普遍的一种方法。图示法的最大优点是一目了然，即从图形中可非常直观地看出函数的变化规律，如递增性或递减性，最大值或最小值，是否具有周期性变化规律等。但是，从图形上只能得到函数变化关系而不能进行数学分析。

图示法的基本要点为：

(1)在直角坐标系中绘制测量数据的图形时，应以横坐标为自变量，纵坐标为对应的函数量。

(2)坐标纸的大小与分度的选择应与测量数据的精度相适应。分度过粗时，影响原始数据的有效数字，绘图精度将低于试验中参数测量的精度；分度过细时会高于原始数据的精度。坐标分度值不一定自零起，可用低于试验数据的某一数值作起点和高于试验数据的某一数值作终点，曲线以基本占满全幅坐标纸为宜。

(3)坐标轴应注明分度值的有效数字和名称、单位，必要时还应标明试验条件，坐标的文字书写方向应与该坐标轴平行，在同一图上表示不同数据时应该用不同的符号加以区别。

(4)曲线平滑方法。测量数据往往是分散的，如果用短线连接各点得到的就不是光滑的曲线，而是折线。由于每一个测点总存在误差，按带有误差的各数据所描的点不一定是真实值的正确位置。根据足够多的测量数据，完全有可能作出一光滑曲线，决定曲线的走向应考虑曲线应尽可能通过或接近所有的点，但曲线不必强求通过所有的点，尤其是两端的点，当不可能时，则应移动曲线尺，顾及到所绘制的曲线与实测值之间的误差的平方和最小。此时曲线两边的点数接近于相等。

(三)经验公式法

测量数据不仅可用图形表示出函数之间的关系，而且可用与图形对应的一个公式来表示所有的测量数据，当然这个公式不可能完全准确地表达全部数据。因此，常把与曲线对应的公式称为经验公式，在回归分析中则称之为回归方程。

把全部测量数据用一个公式来代替，不仅有紧凑扼要的优点，而且可以对公式进行必要的数学运算，以研究各自变量与函数之间的关系。

根据一系列测量数据，如何建立公式，建立什么形式的公式，这是首先需要解决的问题。所建立的公式能正确表达测量数据的函数关系，往往不是一件容易的事情，在很大程度上取决于试验人员的经验和判断能力，而且建立公式的过程比较繁琐，有时还要多次反复才能得到与测量数据更接近的公式。

建立公式的步骤大致可归纳如下：

(1)描绘曲线。以自变量为横坐标，函数量为纵坐标，将测量数据描绘在坐标纸上，并把数据点描绘成测量曲线(详见图示法)。

(2)对所描绘的曲线进行分析,确定公式的基本形式。如果数据点描绘的基本上是直线,则可用一元线性回归方法确定直线方程。如果数据点描绘的是曲线,则要根据曲线的特点判断曲线属于何种类型。判断时可参考现成的数学曲线形状加以选择,对选择的曲线则按一元非线性回归方法处理。如果测量曲线很难判断属何种类型,则可按多项式回归处理。

(3)曲线化直。如果测量数据描绘的曲线被确定为某种类型的曲线,则可先将该曲线方程变换为直线方程,然后按一元线性回归方法处理。

(4)确定公式中的常量。代表测量数据的直线方程或经曲线化直后的直线方程表达式为 $y=a+bx$,可根据一系列测量数据确定方程中的常量 a 和 b,其方法一般有图解法、端值法、平均法和最小二乘法等。

(5)检验所确定的公式的准确性,即用测量数据中自变量值代入公式计算出函数值,看它与实际测量值是否一致,如果差别很大,说明所确定的公式基本形式可能有错误,则应建立另外形式的公式。

第五节　测量误差

一、误差的定义及表示法

所谓误差就是测得值与被测量的真值之间的差,可用下式表示:

$$误差=测得值-真值$$

例如在长度计量测试中,测量某一尺寸的误差公式具体形式为:

$$误差=测得尺寸-真实尺寸$$

测得误差可用绝对误差表示,也可用相对误差表示。

(一)绝对误差

某量值的测得值和真值之差为绝对误差,通常简称为误差,即:误差 = 测得值 - 真值。可知,绝对误差可能是正值或负值。

所谓真值是指在观测一个量时,该量本身所具有的真实大小。量的真值是一个理想的概念,一般是不知道的。因此,作为测量结果与真值之差的测量误差,一般也是无法准确得到或确切获知的,此即“误差公理”的内涵。但在某些特定的情况下,真值是可知的。例如:三角形三个内角之和为180°;一个整圆周角为360°;按定义规定的国际千克基准的值可认为真值是1kg等。为了使用上的需要,在实际测量中,常用被测的量的实际值来代替真值,而实际值的定义是满足规定精确度的用来代替真值使用的量值。例如在检定工作中,把高一等级精度的标准所测得的量值称为实际值。如用二等标准活塞压力计测量某压力,测得值为9 000.2N/cm^2,若该压力用高一等级的精确方法测得值为9 000.5N/cm^2,则后者可视为实际值,此时二等标准活塞压力计的测量误差为-0.3N/cm^2。

在实际工作中,经常使用修正值。为消除系统误差用代数法而加到测量结果上的值称为修正值。将测得值加上修正值后可得近似的真值,即:真值≈测得值 + 修正值,由此得:修正值 = 真值 - 测得值。

修正值与误差值的大小相等而符号相反,测得值加修正值后可以消除该误差的影响。

必须注意,不要把绝对误差与误差的绝对值相混淆,后者为误差的模。

(二)相对误差

绝对误差与被测量的真值之比值称为相对误差。因测得值与真值接近,故也可近似用绝对误差与测得值的比值作为相对误差,即:

$$相对误差=\frac{绝对误差}{真值}\approx\frac{绝对误差}{测得值}$$

由于绝对误差可能为正值或负值,因此相对误差也可能为正值或负值。

相对误差是量纲为1(或称无量纲)的量,通常以百分数(%)来表示,即绝对误差所占约定真值的百分比。例如用水银温度计测得某一温度为20.3℃,该温度用高一等级的温度计测得值为20.2℃,因后者精度高,故可认为20.2℃接近真实温度,而水银温度计测量的绝对误差为0.1℃,其相对误差为:

$$\frac{0.1}{20.2}\approx\frac{0.1}{20.3}\approx0.5\%$$

对于被测量的大小相同或相近时,绝对误差可以评定其测量精度的高低,但对于不同的被测量以及不同的物理量,绝对误差就难以评定其测量精度的高低,而采用相对误差来评定较为确切。例如用两种方法来测量 $L_1=100\text{mm}$ 的尺寸,其测量误差分别为 $\delta_1=\pm10\mu\text{m}$,$\delta_2=\pm8\mu\text{m}$,根据绝对误差大小,可知后者的测量精度高。但若用第三种方法测量 $L_1=80\text{mm}$ 的尺寸,其测量误差为 $\delta_3=\pm7\mu\text{m}$,此时用绝对误差就难以评定它与前两种方法的精度的高低,必须采用相对误差来评定。

第一种方法的相对误差为:

$$\frac{\delta_1}{L_1}=\pm\frac{10\mu\text{m}}{100\text{mm}}=\pm\frac{10}{100\,000}=\pm0.01\%$$

第二种方法的相对误差为:

$$\frac{\delta_2}{L_1}=\pm\frac{8\mu\text{m}}{100\text{mm}}=\pm\frac{8}{100\,000}=\pm0.008\%$$

第三种方法的相对误差为:

$$\frac{\delta_3}{L_2}=\pm\frac{7\mu\text{m}}{80\text{mm}}=\pm\frac{7}{80\,000}=\pm0.009\%$$

由此可知,第一种方法精度最低,第二种方法精度最高。

(三)引用误差

所谓引用误差指的是一种简化和实用方便的仪器仪表示值的相对误差,它是以仪器仪表某一刻度点的示值误差为分子,以测量范围上限值或全量程为分母,所得的比值称为引用误差,即:

$$引用误差=\frac{示值误差}{测量范围上限}$$

例如测量范围上限为19 600N的工作测力计(拉力表),在标定示值为14 700N处的实际作用为14 778.4N,则此测力计在该刻度点的引用误差为:

$$\frac{14\,700\text{N}-14\,778.4\text{N}}{19\,600\text{N}}=\frac{-78.4}{19\,600}=-0.4\%$$

二、误差来源

在测量过程中,误差产生的原因可以归纳为以下几个方面:

(一)测量装置误差

(1)标准量具误差。以固定形式复现标准量值的器具,如氪 86 灯管、标准量块、标准线纹尺、标准电池、标准电阻、标准砝码等,它们本身体现的量值,不可避免地都含有误差。

(2)仪器误差。凡用来直接或间接将被测量和已知量进行比较的器具设备,称为仪器或仪表,如阿贝比较仪、天平等比较仪器,压力表、温度计等指示仪表,它们本身都具有误差。

(3)附件误差。仪器的附件及附属工具,如测长仪的标准环规,千分尺的调整量棒等的误差,也会引起测量误差。

(二)环境误差

由于各种环境因素与规定的标准状态不一致而引起的测量装置和被测量本身的变化所造成的误差,如温度、湿度、气压(引起空气各部分的扰动)、振动(外界条件及测量人员引起的振动)、照明(引起视差)、重力加速度、电磁场等所引起的误差。通常仪器仪表在规定的正常工作条件所具有的误差称为基本误差,而超出此条件时所增加的误差称为附加误差。

(三)方法误差

由于测量方法不完善所引起的误差,如采用近似的测量方法所引起的误差。例如用钢卷尺测量大轴的圆周长 s,再通过计算求出大轴的直径 $d = s/\pi$,因近似数 π 取值的不同,将会引起误差。

(四)人员误差

由于测量者受分辨能力的限制,因工作疲劳引起的视觉器官的生理变化,固有习惯引起的读数误差,以及精神上的因素产生的一时疏忽等所引起的误差。

总之,在计算测量结果的精度时,对上述四个方面的误差来源,必须进行全面的分析,力求不遗漏、不重复,特别要注意对误差影响较大的那些因素。

三、误差分类

根据误差的发生及其产生的原因,可将误差分为三大类:系统误差、随机误差(或称偶然误差)和粗大误差。

(一)系统误差

在重复性条件下,对同一被测量进行无限多次测量所得结果的平均值与被测量的真值之差,称为系统误差。它是测量结果中期望不为零的误差分量。

由于只能进行有限次数的重复测量,真值也只能用约定真值代替,因此可能确定的系统误差只是其估计值,并具有一定的不确定度。这个不确定度也就是修正值的不确定度,它与其他来源的不确定度分量一样贡献给了合成标准不确定度。

系统误差对测量结果的影响称之为“系统效应”。该效应的大小若已识别并可定量表述,则可通过估计的修正值予以补偿。例如:高阻抗电阻器的电位差(被测量)是用电压表测得的,为减少电压表负载效应给测量结果带来的"系统效应",应对该表的有限阻抗进行修正。但是,用以估计修正值的电压表阻抗与电阻器阻抗(它们均由其他测量获得),本身就是不确定的。这些不确定度可用于评定电位差的测量不确定度分量,它们来源于修正,从而来源于电压表有限阻抗的系统效应。另外,为了尽可能消除系统误差,测量仪器须经常地用计量标准或标准物质进行调整或校准。但是同时须考虑的是,这些标准自身仍带着不确定度。

(二)随机误差

在重复性条件下,测量结果与对同一被测量进行无限多次测量所得结果的平均值之差,称为随机误差。

重复性条件是指在尽量相同的条件下,包括测量程序、人员、仪器、环境等,以及尽量短的时间间隔内完成重复测量任务。这里的"短时间"可理解为保证测量条件相同或保持不变的时间段,它主要取决于人员的素质、仪器的性能以及对各种影响量的监控。从数理统计和数据处理的角度来看,在这段时间内测量应处于统计控制状态,即符合统计规律的随机状态。通俗地说,它是测量处于正常状态的时间间隔。

就单个随机误差估计值而言,它没有确定的规律,但就整体而言,却服从一定的统计规律,故可用统计方法估计其界限或它对测量结果的影响。随机误差在时间上和空间上是不可预知的或随机的,它会引起被测量重复观测值的变化,故称之为"随机效应"。可以认为正是这种随机效应导致了重复观测中的分散性,我们用统计方法得到的实验标准偏差是分散性,确切地说是来源于测量过程中的随机效应。

随机误差的统计规律性,主要可归纳为对称性、有界性和单峰性3条:

(1)对称性是指绝对值相等而符号相反的误差,出现的次数大致相等,也即测得值是以它们的算术平均值为中心而对称分布的。由于所有误差的代数和趋近于零,故随机误差又具有抵偿性,这个统计特性是最为本质的。换言之,凡具有抵偿性的误差,原则上均可按随机误差处理。

(2)有界性是指测得值误差的绝对值不会超过一定的界限,也即不会出现绝对值很大的误差。

(3)单峰性是指绝对值小的误差比绝对值大的误差数目多,也即测得值是以它们的算术平均值为中心而相对集中地分布的。

(三)粗大误差

超出在规定条件下预期的误差称为粗大误差,或称"过失误差"。此误差值较大,明显歪曲测量结果,如测量时对错了标志、读错或记错了数、使用有缺陷的仪器以及在测量时因操作不细心而引起的过失性误差等。

上面虽将误差分为三类,但必须注意各类误差之间在一定条件下可以相互转化。对某项具体误差,在此条件下为系统误差,而在另一条件下可为随机误差,反之亦然。如按一定基本尺寸制造的量块,存在着制造误差,对某一块量块的制造误差是确定数值,可认为是系统误差,但对一批量块而言,制造误差是变化的,又可为随机误差。在使用某一量块时,没有检定出该量块的尺寸偏差,而按基本尺寸使用,则制造误差属随机误差;若检定出量块的尺寸偏差,按实际尺寸使用,则制造误差属系统误差。掌握误差转化的特点,可将系统误差转化为随机误差,用数据统计处理方法减小误差的影响;或将随机误差转化为系统误差,用修正方法减小其影响。

总之，系统误差和随机误差之间并不存在绝对的界限。随着对误差性质认识的深化和测试技术的发展，有可能把过去作为随机误差的某些误差分离出来作为系统误差处理，或把某些系统误差当作随机误差来处理。

四、误差消除方法

（一）系统误差的减小和消除

1. 从产生误差根源上消除系统误差

从产生误差根源上消除误差是最根本的方法，它要求测量人员对测量过程中可能产生的系统误差的环节作仔细分析，并在测量前就将误差从产生根源上加以消除。如为了防止调整误差，要正确调整仪器，选择合理的被测件的定位面或支承点；又如：为了防止测量过程中仪器零位的变动，测量开始和结束时都需检查零位；再如：为了防止在长期使用时，仪器精度降低，要严格进行周期的检定与修理。如果误差是由外界条件引起的，应在外界条件比较稳定时进行测量，当外界条件急剧变化时应停止测量。

2. 用修正方法消除系统误差

这种方法是预先将测量器具的系统误差检定出来或计算出来，做出误差表或误差曲线，然后取与误差数值大小相同而符号相反的值作为修正值，将实际测得值加上相应的修正值，即可得到不包含该系统误差的测量结果。如量块的实际尺寸不等于公称尺寸，若按公称尺寸使用，就要产生系统误差。因此应按经过检定的实际尺寸（即将量块的公称尺寸加上修正量）使用，就可避免此项系统误差的产生。

由于修正值本身也包含有一定误差，因此用修正值消除系统误差的方法，不可能将全部系统误差修正掉，总要残留少量系统误差，对这种残留的系统误差则应按随机误差进行处理。

3. 不变系统误差的消除

对测得值中存在固定不变的系统误差，常用以下几种消除法：

（1）代替法

代替法的实质是在测量装置上对被测量测量后不改变测量条件，立即用一个标准量代替被测量，放到测量装置上再次进行测量，从而求出被测量与标准量的差值，即：被测量 = 标准量 + 差值。

（2）抵消法

这种方法要求进行两次测量，以便使两次读数时出现的系统误差大小相等，符号相反，取两次测得值的平均值，作为测量结果，即可消除系统误差。例如，在工具显微镜上测量螺纹中径，由于被测螺纹轴线与工作台纵向移动方向不一致，当按螺纹牙廓的一侧测量时，所得的测得值 d_{21} 将包含系统误差 $+\Delta$。当按螺纹牙廓另一侧测量时，所得的测得值 d_{22} 将包含系统误差 $-\Delta$。取两次测得值的算术平均值作为测量结果，便可消除由于被测螺纹轴线与工作台纵向移动方向不一致所引起的误差。即：

$$\frac{d_{21}+d_{22}}{2}=\frac{d_2+\Delta+d_2-\Delta}{2}=d_2$$

(3)交换法

这种方法是根据误差产生原因,将某些条件交换,以消除系统误差。例如在等臂天平上称量(图3-15),先将被测量 X 放于左边,标准砝码 P 放于右边调平衡后,则有:

$$X = \frac{l_2}{l_1}P$$

将 X , P 交换位置后,由于 $l_1 \neq l_2$, P 将换为 $P' = P + \Delta P$ 才能与 X 平衡,即:

$$P' = P + \Delta P = \frac{l_2}{l_1}X$$

则取:

$$X = \sqrt{PP'} = \frac{P + P'}{2}$$

即可消除两臂不等而带来的系统误差。

4. 线性系统误差消除法——对称法

对称法是消除线性误差的有效方法,如图3-16所示。随着时间的变化,被测量作线性增加,若选定某时刻为中点,则对称此点的系统误差算术平均值皆相等。即:

$$\frac{\Delta l_1 + \Delta l_5}{2} = \frac{\Delta l_2 + \Delta l_4}{2} = \Delta l_3$$

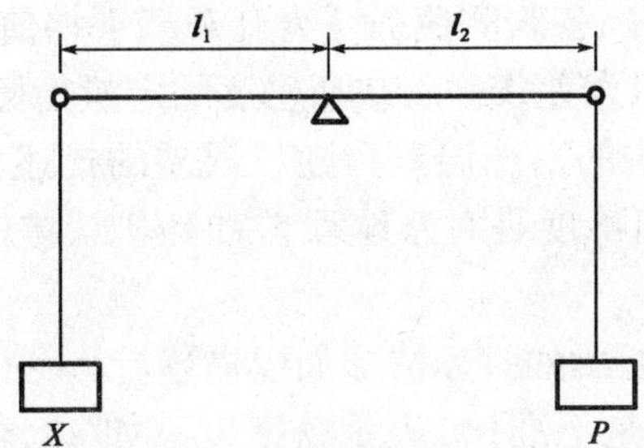

图3-15 等臂天平称量被测量

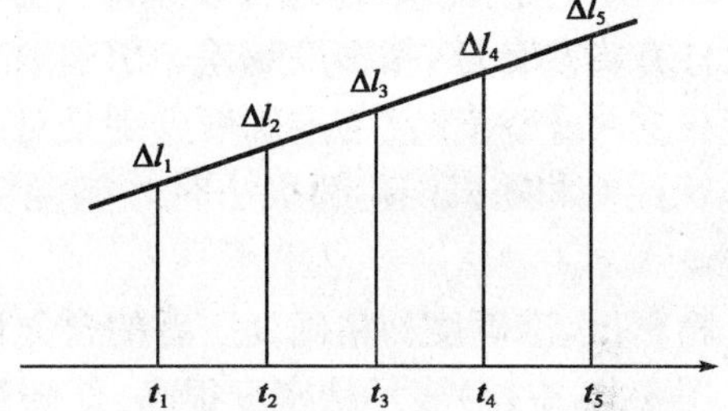

图3-16 对称法消除线性系统误差

利用这一特点,可将测量对称安排,取各对称点两次读数的算术平均值作为测得值,即可消除线性系统误差。

例如检定量块平面平行性时(图3-17),先以标准量块A的中心0点对零,然后按图中所示被检量块B上的顺序逐点检定,再按相反顺序进行检定,取正反两次读数的平均值作为各点的测得值,就可消除因温度变化而产生的线性系统误差。

对称法可以有效地消除随时间变化而产生的线性系统误差。很多误差随时间变化,而在短时间内均可认为是线性规律。有时,按复杂规律变化的误差,也可近似地作为线性误差处理,因此,在一切有条件的场合,均宜采用对称法消除系统误差。

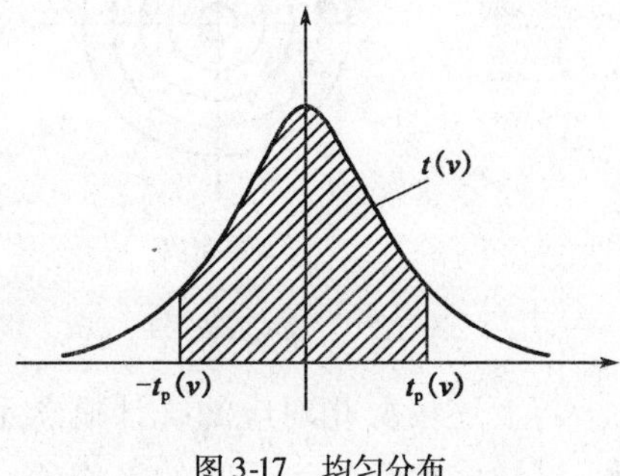

图3-17 均匀分布

5. 周期性系统误差的消除法——半周期法

对周期性误差,可以相隔半个周期进行两次测量,取两次读数平均值,即可有效地消除周期性系统误差。例如仪器度盘安装偏心，测微表指针回转中心与刻度盘中心有偏心等引起的周期性误差，皆可用半周期法予以消除。

（二）粗大误差的防止和消除

对粗大误差，除了设法从测量结果中发现和鉴别而加以剔除外，更重要的是要加强测量者的工作责任心和以严格的科学态度对待测量工作；此外，还要保证测量条件的稳定，或者应避免在外界条件发生激烈变化时进行测量。如能达到以上要求，一般情况下是可以防止粗大误差产生的。

在某些情况下，为了及时发现与防止测得值中含有粗大误差，可采用不等精度测量和互相之间进行校核的方法。例如，对某一被测值，可由两位测量者进行测量、读数和记录；或者用两种不同仪器、或两种不同方法进行测量（如测量薄壁圆筒内径，可通过直接测量内径或测量外径和壁厚，再经过计算求得内径，两者作互相校验）。

五、精密度、准确度和精确度

精密度与准确度两者并不相同。准确度系用同一测量方法自某一总体反复抽样时，样本平均值（$\bar{x}$）离开总体平均值（μ）的程度。系统误差越大即二者的偏差越大，则准确度越低。通常将系统误差的大小作为反映准确度高低的定量指标。精密度系用同一方法自某一总体反复抽样时，或自同一（或均匀）样本用同一方法反复测量时，各观测值（x_i）离开观测平均值（$\bar{x}$）的程度。数据越分散，精密度越差。引起数据分散的随机误差作为反映精密度的定量指标。

由此可见，精密度与准确度分别是对两类不同性质的系统误差和随机误差的描述。只有当系统误差和随机误差都很小时才能说精确度高。精确度是对系统误差和随机误差的综合描述。

精密度、准确度和精确度三者的含义可用图3-18所示的打靶情形加以描述。

图3-18中，a）表示精密度很高，即随机误差小，但是不准；b）表示精密度不如a），但准确度较a）高，即系统误差比a）小；c）表示精密度和准确度都高、系统误差和随机误差均小，即精确度高。

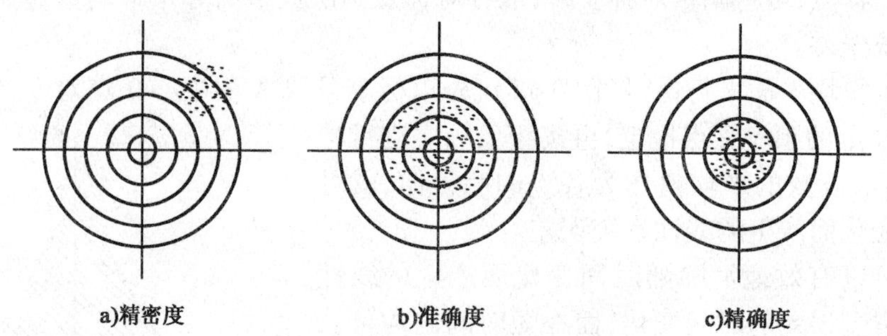

图3-18　精密度、准确度与精确度示意图

与上述情况相对应的统计概念示于图3-19，图中μ表示真值；μ_m表示用某一测量方法对同一试样多次重复测量时的平均值；σ_m的大小表示数据波动的程度。图3-19a）因σ_m小，精密度就高，但μ_m与μ的偏差大，准确度低；图3-19b）准确度较图3-19a）高，但精密度比图3-19a）低；图3-19c）准确度和精密度均高，即精确度高。

对于上述概念,目前国内外尚不完全统一,有的把准确度称为正确度,而把精确度称为准确度;有的把精密度简称为精度,而有的则把精确度称为精度。尽管在名词的称谓上有所差异,但其所包含的内容(即系统误差与随机误差对测量结果影响的程度)是完全一致的。

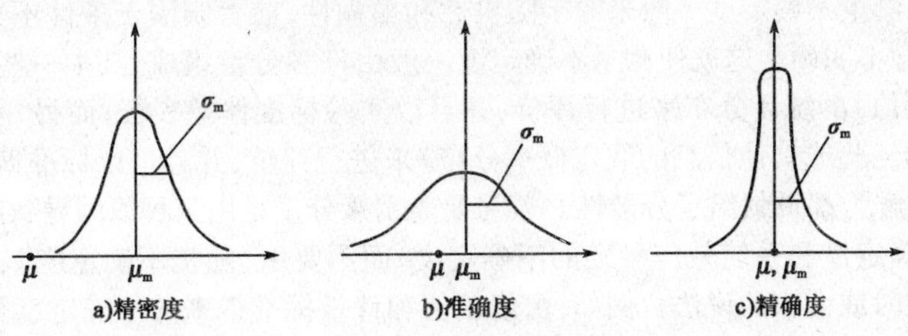

图 3-19　精密度、准确度与精确度统计示意图

第六节　测量不确定度

一、测量不确定度

表征合理地赋予被测量之值的分散性、与测量结果相联系的参数,称为测量不确定度。

"合理"意指应考虑到各种因素对测量的影响所做的修正,特别是测量应处于统计控制状态下,即处于随机控制过程中。"相联系"意指测量不确定度是一个与测量结果在一起的参数,在测量结果的完整表示中应包括测量不确定度。此参数可以是诸如标准偏差或其倍数,或说明了置信水准的区间的半宽度。

测量不确定度从词义上理解,意味着对测量结果可信性、有效性的怀疑程度或不肯定程度,是定量说明测量结果的质量的一个参数。实际上由于测量不完善和人们的认识不足,所得的被测量值具有分散性,即每次测得的结果不是同一值,而是以一定的概率分散在某个区间内的许多个值。测量不确定度就是说明被测量之值分散性的参数,它不说明测量结果是否接近真值。

为了表征这种分散性,测量不确定度用标准偏差表示。在实际使用中,往往希望知道测量结果的置信区间。因此,规定测量不确定度也可用标准偏差的倍数或说明了置信水准的区间的半宽度表示。为了区分这两种不同的表示方法,分别称它们为标准不确定度和扩展不确定度。

在实践中,测量不确定度可能来源于以下 10 个方面:

(1)对被测量的定义不完整或不完善;

(2)实现被测量的定义的方法不理想;

(3)取样的代表性不够,即被测量的样本不能代表所定义的被测量;

(4)对测量过程受环境影响的认识不周全,或对环境条件的测量与控制不完善;

(5)对模拟仪器的读数存在人为偏移;

(6)测量仪器的分辨力或鉴别力不够;

(7)赋予计量标准的值或标准物质的值不准;

(8)引用于数据计算的常量和其他参量不准；

(9)测量方法和测量程序的近似性和假定性；

(10)在表面上看完全相同的条件下，被测量重复观测值的变化。

由此可见，测量不确定度一般来源于随机性和模糊性，前者归因于条件不充分，后者归因于事物本身概念不明确。这就使测量不确定度一般由许多分量组成，其中一些分量可以用测量列结果（观测值）的统计分布来进行评价，并且以实验标准偏差表征；而另一些分量可以用其他方法（根据经验或其他信息的假定概率分布）来进行评价，并且也以标准偏差表征。所有这些分量，应理解为都贡献给了分散性。若需要表示某分量是由某种原因导致时，可以用随机效应导致的不确定度和系统效应导致的不确定度，而不要用“随机不确定度”和“系统不确定度”这两个已过时或淘汰的说法。例如：由修正值和计量标准带来的不确定度分量，可以称之为系统效应导致的不确定度。

不确定度当由方差得出时，应取其正平方根。当分散性的大小用说明了置信水准的区间的半宽度表示时，作为区间的半宽度取负值显然也是毫无意义的。当不确定度除以测量结果时，称之为相对不确定度，这是个量纲为1的量，通常以百分数或10的负数幂表示。

在测量不确定度的发展过程中，人们从传统上理解它是“表征（或说明）被测量真值所处范围的一个估计值（或参数）”，也有一段时期理解为“由测量结果给出的被测量估计值的可能误差的度量”。这些含义从概念上来说是测量不确定度发展和演变的过程，与现定义并不矛盾，但它们涉及真值和误差这两个理想化的或理论上的概念，实际上是难以操作的未知量，而可以具体操作的则是测量结果的变化，即被测量之值的分散性。

必须注意不要把不确定度与误差混为一谈。测量不确定度表明赋予被测量之值的分散性，它与人们对被测量的认识程度有关，是通过分析和评定得到的一个区间。测量误差则是表明测量结果偏离真值的差值，它客观存在但人们无法准确得到。例如：测量结果可能非常接近于真值（即误差很小），但由于认识不足，人们赋予的值却落在一个较大区间内（即测量不确定度较大）。也可能实际上测量误差较大，但由于分析估计不足，使给出的不确定度偏小。国际上开始研制铯原子频率标准时，经分析其测量不确定度达到10^{-15}量级，运行一段时间后，发现有一项重要因素不可忽视，经再次分析和评定，不确定度扩大到10^{-14}量级，这说明人们的认识提高了。因此，在评定测量不确定度时应充分考虑各种影响因素，并对不确定度的评定进行必要的验证。

二、标准不确定度和标准偏差

以标准偏差表示的测量不确定度，称为标准不确定度。

标准不确定度用符号“u”表示，它不是由测量标准引起的不确定度，而是指不确定度以标准差表示，来表征被测量之值的分散性。这种分散性可以有不同的表示方式，例如：用$\frac{\sum_{i=1}^{n}(x_i-\bar{x})}{n}$表示时，由于正残差与负残差可能相消，反映不出分散程度；用$\frac{\sum_{i=1}^{n}|x_i-\bar{x}|}{n}$表示时，则不便于进行解析运算。只有用标准偏差表示的测量结果的不确定度，才称为标准不确定度。

当对同一被测量做n次测量，表征测量结果分散性的量s按式(3-3)算出时，称它为实验标准偏差：

$$s=\sqrt{\frac{\sum_{i=1}^{n}(x_i-\bar{x})^2}{n-1}} \tag{3-3}$$

式中：x_i——第 i 次测量的结果；

$\bar{x}$——所考虑的 n 次测量结果的算术平均值。

对同一被测量做有限的 n 次测量，其中任何一次的测量结果或观测值，都可视做无穷多次测量结果或总体的一个样本。数理统计方法就是要通过这个样本所获得的信息（例如算术平均值 $\bar{x}$ 和实验标准偏差 s 等），来推断总体的性质（例如期望 μ 和方差 σ^2 等）。期望是通过无穷多次测量所得的观测值的算术平均值或加权平均值，又称为总体均值 μ，显然它只是在理论上存在并可表示为：

$$\mu=\lim_{n\to\infty}\frac{1}{n}\sum_{i=1}^{n}x_i$$

方差 σ^2 则是无穷多次测量值 x_i 与期望 μ 之差的平方的算术平均值，它也只是在理论上存在并可表示为：

$$\sigma^2=\lim_{n\to\infty}\left[\frac{1}{n}\sum_{i=1}^{n}(x_i-\mu)^2\right]$$

$\bar{x}$ 为 μ 的无偏估计，s^2 为 σ^2 的无偏估计。这里的“无偏估计”可理解为：$\bar{x}$ 比 μ 大的概率，与 $\bar{x}$ 比 μ 小的概率是相等的或皆为50%；而且当 $n\to\infty$，$(\bar{x}-\mu)\to 0$。值得注意的是：s^2 为 σ^2 的无偏估计，但 s 不是 σ 的无偏估计，而是偏小估计，即 $(s-\sigma)$ 为负值的概率，大于 $(s-\sigma)$ 为正值的概率。

s 是单次观测值 x_i 的实验标准偏差，$s/\sqrt{n}$ 才是 n 次测量所得算术平均值 $\bar{x}$ 的实验标准偏差，它是 $\bar{x}$ 分布的标准偏差的估计值。为易于区别，前者用 $s(x)$ 表示，后者用 $s(\bar{x})$ 表示，故有 $s(\bar{x})=s(x)/\sqrt{n}$。

通常用 $s(x)$ 表征测量仪器的重复性，而用 $s(\bar{x})$ 评价以此仪器进行 n 次测量所得测量结果的分散性。随着测量次数 n 的增加，测量结果的分散性 $s(\bar{x})$ 即与 $\sqrt{n}$ 成反比地减小，这是由于对多次观测值取平均后，正、负误差相互抵偿所致。所以，当测量要求较高或希望测量结果的标准偏差较小时，应适当增加 n；但当 $n>20$ 时，随着 n 的增加，$s(\bar{x})$ 的减小速率减慢。因此，在选取 n 的多少时应予综合考虑或权衡利弊，因为增加测量次数就会拉长测量时间、加大测量成本。在通常情况下，取 $n\geqslant 3$，以 $n=4\sim 20$ 为宜。另外，应当强调 $s(\bar{x})$ 是平均值的实验标准偏差，而不能称它为平均值的标准误差。

三、不确定度的 A 类、B 类评定及合成

由于测量结果的不确定度往往由许多原因引起，对每个不确定度来源评定的标准偏差，称为标准不确定度分量，用符号 u_i 表示。对这些标准不确定度分量有两类评定方法，即 A 类评定和 B 类评定。

（一）不确定度的 A 类评定

用对观测列进行统计分析的方法来评定标准不确定度，称为不确定度的 A 类评定，有时也称 A 类不确定度评定。

通过统计分析观测列的方法，对标准不确定度进行的评定，所得到的相应的标准不确定度称为A类不确定度分量，用符号 u_A 表示。

这里的统计分析方法，是指根据随机取出的测量样本中所获得的信息，来推断关于总体性质的方法。例如：在重复性条件或复现性条件下的任何一个测量结果，可以看作是无限多次测量结果（总体）的一个样本，通过有限次数的测量结果（有限的随机样本）所获得的信息（诸如平均值 $\bar{x}$、实验标准差 s），来推断总体的平均值（即总体均值 μ 或分布的期望值）以及总体标准偏差 σ，就是所谓的统计分析方法之一。A类标准不确定度用实验标准偏差表征。

（二）不确定度的B类评定

用不同于对观测列进行统计分析的方法来评定标准不确定度，称为不确定度的B类评定，有时也称B类不确定度评定。

这是用不同于对测量样本统计分析的其他办法，进行的标准不确定度的评定，所得到的相应的标准不确定度称为B类标准不确定度分量，用符号 u_B 表示。它用根据经验或资料及假设的概率分布估计的标准偏差为表征，也就是说其原始数据并非来自观测列的数据处理，而是基于实验或其他信息来估计，含有主观鉴别的成分。用于不确定度B类评定的信息来源一般有：

（1）以前的观测数据；

（2）对有关技术资料和测量仪器特性的了解和经验；

（3）生产部门提供的技术说明文件；

（4）校准证书、检定证书或其他文件提供的数据、准确度的等别或级别，包括目前仍在使用的极限误差、最大允许误差等；

（5）手册或某些资料给出的参考数据及其不确定度；

（6）规定实施方法的国家标准或类似技术文件中给出的重复性限 r 或复现性 R。

不确定度的A类评定由观测列统计结果的统计分布来估计，其分布来自观测列的数据处理，具有客观性和统计学的严格性。这两类标准不确定度仅是估算方法不同，不存在本质差异，它们都是基于统计规律的概率分布，都可用标准偏差来定量表达，合成时同等对待。只不过A类是通过一组与观测得到的频率分布近似的概率密度函数求得，而B类是由基于事件发生的信任度（主观概率或称为先验概率）的假定概率密度函数求得。对某一项不确定度分量究竟用A类方法评定，还是用B类方法评定，应由测量人员根据具体情况选择。特别应当指出：A类、B类与随机、系统在性质上并无对应关系，为避免混淆，不应再使用随机不确定度和系统不确定度。

（三）合成标准不确定度

当测量结果是由若干个其他量的值求得时，按其他各量的方差和协方差算得的标准不确定度，称为合成标准不确定度。

在测量结果是由若干个其他量求得的情形下，测量结果的标准不确定度，等于这些其他量的方差和协方差适当和的正平方根，它被称为合成标准不确定度。合成标准不确定度是测量结果标准偏差的估计值，用符合 u_c 表示。

方差是标准偏差的平方，协方差是相关性导致的方差。当两个被测量的估计值具有相同的不确定度来源，特别是受到相同的系统效应的影响（例如：使用了同一台标准器）时，它们之间即存在着相关性。如果两个都偏大或都偏小，称为正相关；如果一个偏大而另一个偏小，则称为负相关。由这种相关性所导致的方差，即为协方差。显然，计入协方差会扩大合成标准不确定度，协方差的计算既有属于 A 类评定的、也有属于 B 类评定的。人们往往通过改变测量程序来避免发生相关性，或者使协方差减小到可以略计的程度，例如：通过改变所使用的同一台标准等。如果两个随机变量是独立的，则它们的协方差和相关系数等于零，但反之不一定成立。

合成标准不确定度仍然是标准偏差，它表征了测量结果的分散性。所用的合成的方法，常被称为不确定度传播律，而传播系数又被称为灵敏系数，用 c_i 表示。合成标准不确定度的自由度称为有效自由度，用 v_{eff}表示，它表明所评定的可靠程度。通常在报告以下测量结果时，可直接使用合成标准不确定度 $u_{\text{c}}(y)$，同时给出自由度 v_{eff}：

(1)基础计量学研究；

(2)基本物理常量测量；

(3)复现国际单位制单位的国际比对。

四、扩展不确定度和包含因子

(一)扩展不确定度

扩展不确定度是确定测量结果区间的量，合理赋予被测量之值分布的大部分可望含于此区间。它有时也被称为展伸不确定度或范围不确定度。

实际上扩展不确定度是由合成标准不确定度的倍数表示的测量不确定度，通常用符号 U 表示。它是将合成标准不确定度扩展了 k 倍得到的，即 $U = ku_{\text{c}}$。这里 k 值一般为 2，有时为 3，取决于被测量的重要性、效益和风险。

扩展不确定度是测量结果的取值区间的半宽度，可期望该区间包含了被测量之值分布的大部分。而测量结果的取值区间在被测量值概率分布中所包含的百分数，被称为该区间的置信概率或置信水准，用符号 p 表示。这时扩展不确定度用符号 U_p 表示，它给出的区间能包含被测量可能值的大部分(比如 95% 或 99% 等)。

按测量不确定度的定义，合理赋予的被测量之值的分散区间理应包含全部的测得值，即 100% 地包含于区间内，此区间的半宽通常用符号 a 表示。若要求其中包含 95% 的被测量之值，则此区间称为概率为 $p = 95\%$ 的置信区间，其半宽就是扩展不确定度 U_{95}。类似地，若要求 99% 的概率，则半宽为 U_{99}。这个与置信概率区间或统计包含区间有关的概率，即为上述的置信概率。显然，在上面列举的三个半宽之间存在 $U_{95} < U_{99} < a$ 的关系，至于具体小多少或大多少，还与赋予被测量之值的分布情况有关。

归纳上述内容，可将测量不确定度的分类简示为：

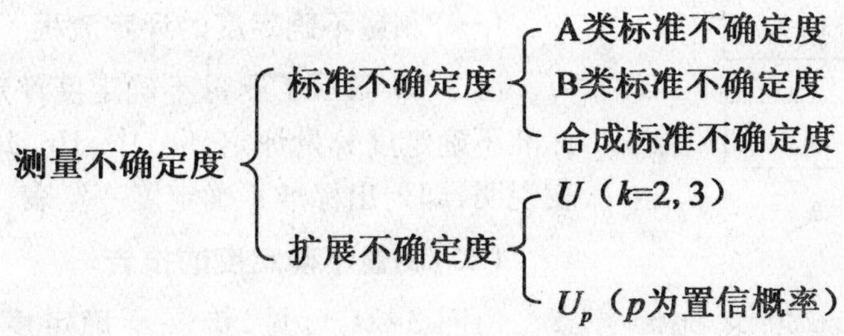

值得指出的是：在20世纪80年代曾用术语总不确定度，由于在报告最终测量结果时既可用扩展不确定度也可用合成标准不确定度，为避免混淆，目前在定量表示时一般不再使用总不确定度这个术语。

（二）包含因子和自由度

为求得扩展不确定度，对合成标准不确定度所乘的数字因子，称为包含因子，有时也称为覆盖因子。

包含因子的取值决定了扩展不确定度的置信程度。鉴于扩展不确定度有 U 与 U_{p} 两种表示方式，包含因子也有 k 与 k_p 两种表示方式，它们在称呼上并无区别，但在使用时 k 一般为2或3，而 k_p 则为给定置信概率 p 所要求的数字因子。在被测量估计值接近于正态分布的情况下，k_p 就是t分布中的 t 值。评定扩展不确定度 U_p 时，已知 p 与自由度 v 即可查表得到 k_p，进而求得 U_p。参见《测量不确定度评定与表示》（JJF 1059—1999）的附录A："t分布在不同置信概率 p 与自由度 v 的 $t_p(v)$ 值"。

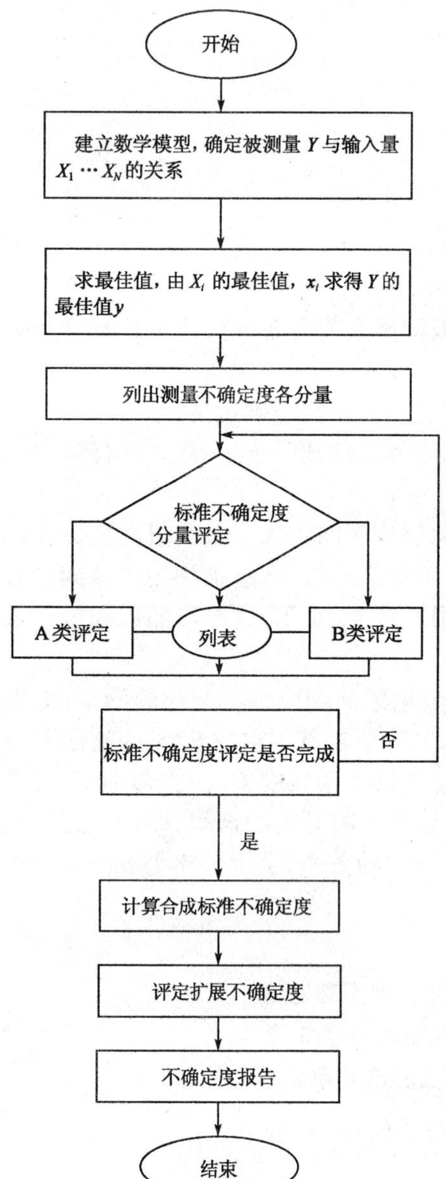

图3-20　测量不确定度评定的总流程图

自由度一词，在不同领域有不同的含义。这里对被测量若只观测一次，有一个观测值，则不存在选择的余地，即自由度为0。若有两个观测值，显然就多了一个选择。换言之，本来观测一次即可获得被测量值，但人们为了提高测量的质量（品质）或可信度而观测 n 次，其中多测的 $(n-1)$ 次实际上是由测量人员根据需要自由选定的，故称之为"自由度"。

在A类标准不确定度评定中，自由度用于表明所得的标准偏差的可靠程度。它被定义为"在方差计算中，和的项数减去对和的限制数"。按贝塞尔公式计算时，取和符号"Σ"后的项数等于 n，而 n 个观测值与其平均值 $\bar{x}$ 之差（残差）的和显然为零，即 $\sum(x_i-\bar{x})=0$。这就是一个限制条件，即限制数为1，故自由度 $v=n-1$。通常，自由度等于测量次数 n 减去被测量的个数 m，即 $v=n-m$。实际上，自由度往往用于求包含因子 k_p，如果只评定 U 而不是 U_p，则不必计算自由度及有效自由度。

五、测量不确定度的评定和报告

（一）测量不确定度的评定流程

图3-20简示了测量不确定度评定的全部流程。在标准不确定度分量评定环节中，JJF 1059—1999建议列表说明，即列出标准不确定度一览表，以便一目了然。

（二）测量不确定度的报告

由图3-21可见，扩展不确定度主要有两种报告形式。

(1)扩展不确定度用 U 表示,即:

$$U = ku_c(y)$$

式中:k——包含因子。k 值一般取 2 ~ 3,在大多数情况下,取 $k=2$,当取其他值时,应说明其来源。用 U 表示时,可以期望在 $y-U$ 至 $y+U$ 的区间内,包含了测量结果可能值的大部分。

(2)扩展不确定度用 U_P 表示,即:

$$U_p = k_p u_c(y) = t_p(\upsilon_{eff}) u_c(y)$$

式中:k_p——包含因子,它与 y 的分布有关。当可以按中心极限定理估计接近正态分布时,k_p 采用 t 分布临界值(或简称 t 值,可由《测量不确定度评定与表示》(JJF 1059—1999)的附录 A 表格中查得)。$k_p = t_p(\upsilon_{eff})$,一般采用的 p 为 99% 和 95%。在大多数情况下,采用 $p=95\%$。对某些测量标准的检定或校准,根据有关规定,可采用 $p=99\%$。当 υ_{eff} 充分大时,可以近似认为 $k_{95}=2$,$k_{99}=3$,从而分别得出 $U_{95}=2u_c(y)$,$U_{99}=3u_c(y)$。

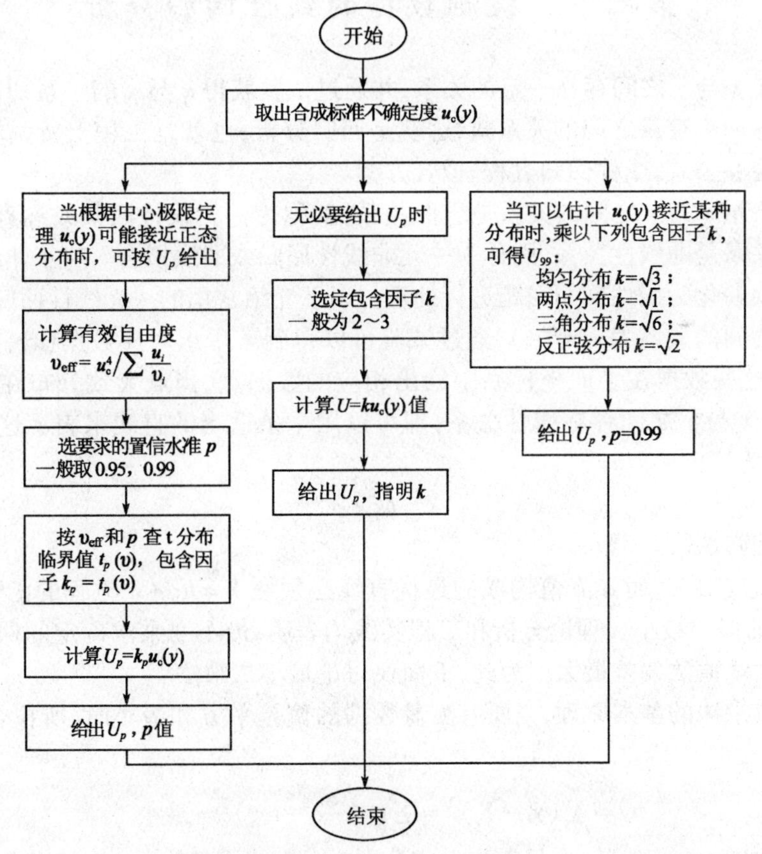

图 3-21 扩展不确定度评定流程图

当以 U 报告最终测量结果时,常采用以下两种形式之一,但均须指明 k 值。

例如:$u_c(y)=0.35$mg,取包含因子 $k=2$,$U=2\times0.35$mg$=0.70$mg,则:

①$m=100.021\,47$g,$U=0.70$mg;$k=2$;

②$m=(100.02147\pm0.00070)\text{g};k=2$。

当以 U_p 报告最终测量结果时，可采用以下4种形式之一，但均须指明有效自由度 v_{eff}。

例如：$u_c(y)=0.35\text{mg}$，$v_{eff}=9$，按 $p=95\%$，查《测量不确定度评定与表示》（JJF 1059—1999）的附录A表得 $k_p=t_{95}(9)=2.26$；$t_{95}=2.26\times0.35\text{mg}=0.79\text{mg}$，则：

①$m=100.02147\text{g};U_{95}=0.79\text{mg},v_{eff}=90$

②$m=100.02147(79)\text{g};v_{eff}=9$，括号内为 U_{95} 之值，其末位与前面结果内末位数对齐。

③$m=100.02147(0.00079)\text{g},v_{eff}=9$，括号内为 U_{95} 之值，与前面结果有相同计量单位。

④$m=(100.02147\pm0.00079)\text{g},v_{eff}=9$，括号内第二项为 U_{95} 之值。

为明确起见，建议用以下方式说明："式中，正负号后的值为扩展不确定度 $U_{95}=k_{95}u_c(y)$，而合成标准不确定度 $u_c(y)=0.35\text{mg}$，自由度 $v_{eff}=9$，包含因子 $k_p=t_{95}(9)=2.26$，从而具有约95%概率的置信区间"。

报告最终测量结果时，应注意有效位数：通常 $u_c(y)$ 和 U（或 U_p）最多取2位有效数字，且 y 与 $u_c(y)$ 或 U（或 U_p）的修约间隔应相同。不确定度也可以相对形式 $u_{rel}(y)$ 或 U_{rel} 报告。

第七节　检测数据的线性回归分析

若两个变量 x 与 y 之间存在一定的关系，并通过试验获得 x 与 y 的一系列数据，用数学处理的方法得出这两个变量之间的关系式，这就是回归分析，也就是工程上所说的拟合问题，所得关系式称为经验公式，或称回归方程、拟合方程。

如果两个变量 x 与 y 之间的关系是线性关系，就称为一元线性回归或称直线拟合。如果两变量之间的关系是非线性关系，则称为一元非线性回归或曲线拟合。对于非线性问题，也可以通过坐标变换转化为线性回归问题进行处理。以下介绍常用的一元线性回归分析。

设两变量之间的关系为 $y=f(x)$，通过试验可以得到若干组对应数据 (x_1,y_1)、$(x_2,y_2)\cdots(x_n,y_n)$。根据这些数据在平面坐标系中绘出相应的数据点，当点大致分布在一条直线附近时，说明两变量 x 与 y 之间存在线性关系，即可以用一条适当的直线来表示这两个变量的关系，此直线方程为：

$$Y=bx+a$$

式中：a、b——回归系数。

平面上的直线很多，而 a、b 值构成的最优直线必须使 $Y=bx+a$ 方程的函数值 Y_i 与实际测量值 y_i 之间的偏差最小。理论分析和工程实践均表明，最小二乘法确定的回归方程偏差最小，平均法次之，端值法偏差最大。为此，下面仅讨论最小二乘法。

按照最小二乘法的基本原理，当所有测量数据的偏差平方和最小时，所拟合的直线最优。其原理可表示为：

$$Q=\sum_{i=1}^{n}(y_i-Y_i)^2=\sum_{i=1}^{n}(y_i-a-bx_i)^2=\text{最小}$$

根据极值原理，要使 Q 最小，只需将上式分别对 a 和 b 求偏导数，并令其等于零，即：

$$\frac{\partial Q}{\partial a}=\sum_{i=1}^{n}[-2(y_i-a-bx_i)]=0 \tag{3-4}$$

$$\frac{\partial Q}{\partial b}=\sum_{i=1}^{n}[-2(y_i-a-bx_i)]=0 \tag{3-5}$$

根据式(3-4)和式(3-5),可以求得:

$$b = \frac{L_{xy}}{L_{xx}}$$

$$a = \bar{y} - b\bar{x}$$

式中:$L_{xy} = \sum_{i=1}^{n}(x_i - \bar{x})(y_i - \bar{y}) = \sum_{i=1}^{n} x_i y_i - \frac{1}{n}\left(\sum_{i=1}^{n} x_i\right)\left(\sum_{i=1}^{n} y_i\right)$;

$L_{xx} = \sum_{i=1}^{n}\left(x_i - \bar{x}\right)^2 \sum_{i=1}^{n} x_i^2 - \frac{1}{n}\left(\sum_{i=1}^{n} x_i\right)^2$。

任何两个变量 x、y 的若干组试验数据,都可以按上述方法配置一条回归直线,假如两变量 x、y 之间根本不存在线性关系,那么所建立的回归方程就毫无意义。因此,需要引入一个数据指标来衡量其相关程度,这个指标就是相关系数,用 r 表示:

$$r_{xy} = \frac{L_{xy}}{\sqrt{L_{xx}L_{yy}}}$$

式中:$L_{yy} = \sum_{i=1}^{n}(y_i - \bar{y})^2 \sum_{i=1}^{n} y_i^2 - \frac{1}{n}(\sum_{i=1}^{n} y_i)^2$。

相关系数 r 是描述回归方程线性相关的密切程度的指标,取值范围为$[-1,1]$,r 的绝对值越接近 1,x、y 的线性关系越好,当 $r=\pm 1$ 时,x、y 之间符合直线函数关系,称 x 与 y 完全相关。如果 r 趋近于 0,则 x 与 y 之间没有线性关系,这时 x 与 y 可能不相关,也可能是曲线相关。

对于一个具体问题,只有当相关系数 r 的绝对值大于临界值 r_β 时,才可用直线近似表示 x 与 y 之间的关系,也就是 x 与 y 之间存在线性相关关系,其中临界值 r_β 与测量数据的个数 n 和显著性水平 β 有关,其值可查《相关系数检验表》。

例如:某千斤顶校准检测数据整理后得到,$y = 1.123x + 0.9856$,显著性水平 $\beta = 0.05$,$n = 10$,$r = 0.9074$,查《相关系数检验表》可得,相关系数的临界值 $r_{0.05} = 0.632$,$r > r_{0.05}$ 说明检测数据的回归方程属于线性相关。

复习思考题

一、单选题

1.“向上抛一石子必然下落”属于(　)。

A. 必然事件　　B. 随机事件　　C. 不可能事件　　D. 可疑事件

2.“从含有 N 个个体的总体中抽取 n 个个体,使包含有 n 个个体的所有可能的组合被抽取的可能都相等”的抽样方法称为(　)。

A. 简单随机抽样　　B. 分层随机抽样　　C. 系统随机抽样

D. 分段随机抽样　　E. 整群随机抽样

3. 如果一个批的产品可按一定的顺序排列,并可将其分为数量相当的 n 个部分。此时,从每个部分按简单随机抽样方法确定的相同位置,各抽取一个单位产品构成一个样本,这种抽样方法即称为(　)。

A. 分层随机抽样　B. 系统随机抽样　C. 分段随机抽样　D. 整群随机抽样

4. 某长度测量值为19.80mm,其有效数字位数为(　)位。

A. 2　B. 3　C. 4　D. 5

5. 某长度测量值为0.001 980m,其有效数字位数为(　)位。

A. 3　B. 4　C. 5　D. 6

6. 18.0Ω +1.154 6Ω +0.876Ω = (　)Ω。

A. 20.030 6　B. 20.030　C. 20.03　D. 20.0

7. 将1.015 1修约至十分位的0.2个单位,修约数为(　)。

A. 1.00　B. 1.01　C. 1.02　D. 1.015

8. 将1.500按0.2修约间隔修约,修约数为(　)。

A. 1.4　B. 1.40　C. 1.6　D. 1.60

9. 1.025按“5”间隔修约到3位有效数字时,应修约成(　)。

A. 1.00　B. 1.02　C. 1.05　D. 1.10

10. “打靶命中点的可能值是充满整个靶面”属于(　)。

A. 连续型随机变量　B. 离散型随机变量

11. 在取有效数字的位数时,数字的舍入误差属于(　)。

A. 连续型随机变量　B. 离散型随机变量

12. “数据切尾引起的舍入不确定度”服从(　)。

A. 均匀分布　B. 正态分布　C. t分布　D. 三角分布

13. “一批机器零件毛坯的重量”服从(　)。

A. 均匀分布　B. 正态分布　C. t分布　D. 三角分布

14. 为实施抽样检查的需要而划分的基本单位称为(　)。

A. 样本　B. 样本单位　C. 样本

D. 单位产品　E. 批

15. 为实施抽样检查汇集起来的单位产品,称为(　)。

A. 样本　B. 样本单位　C. 批　D. 样品

16. 在数轴上是连续分布的,用连续的量值来表示产品的质量特性,称为(　)。

A. 计量值　B. 计数值　C. 计点值　D. 计件值

17. 任何一个数最末一位数字所对应的单位量值称为(　)。

A. 有效数字　B. 精度值　C. 修正值　D. 末

18. 测量结果19.8mm的末为(　)。

A. 1mm　B. 0.1mm　C. 8mm　D. 0.8mm

19. 将数据51.25、60.38、40.29、-30.75进行0.5个单位修约,修约到“个”位数,结果正确的是(　)。

A. 51.0　60.5　40.5　-31.0　B. 51.0　60.0　40.0　-31.0

C. 51.0　60.0　40.0　-31.5　D. 51.5　60.5　40.0　-31.0

20. 如果在生产过程中出现了(　)事件,表明一般不应出现的事件出现了,我们就有理由怀疑生产过程不正常,从而需要采取必要的措施。

A. 大概率　B. 小概率　C. 随机　D. 必然

21. 测试结果与真值间的一致程度称为(　)。

A. 精准度　B. 精确度　C. 准确度　D. 精密度

22. (　)是一组数据中最大值和最小值之差。

A. 标准差　B. 系统误差　C. 极差　D. 偶然误差

23. 不属于表示数据离散程度的统计特征量是(　)。

A. 标准偏差　B. 系统误差　C. 中位数　D. 极差

24. 直方图中,纵坐标不宜表示(　)。

A. 频数　B. 区间　C. 不合格率　D. 合格率

25. 一整批中有若干箱,分别从每箱中任意抽取2件的方式(　)。

A. 简单随机抽样　B. 系统抽样　C. 分层抽样　D. 密集群抽样

26. 随机事件的概率总是介于(　)之间。

A. 0 ~ 100　B. 1 ~ 100　C. 0 ~ 1　D. 0 ~ 10

27. 通常认为小概率事件在一次试验中(　)。

A. 经常发生　B. 基本会发生　C. 几乎不发生　D. 不可能发生

28. 有10件同类产品,其中不合格品3种,从这10件产品中连续抽2次,每次抽1件,抽后放回,2次都是不合格的概率为(　)。

A. 0.6　B. 0.1　C. 0.09　D. 0.05

29. 如果极限数值为16.5 ~ 17.5mm,则下列数据中0.1单位修约后符合极限要求的是(　)。

A. 16.45　B. 17.51　C. 17.587　D. 16.25

30. 0.0120的有效位数为(　)位。

A. 2　B. 3　C. 4　D. 5

31. 排列图中,累计频率在0 ~ 80%范围,此区域内影响因素为(　)。

A. 可忽略因素　B. 次要因素　C. 一般因素　D. 主要因素

32. 排列图中,右边的纵坐标表示(　)。

A. 频率　B. 频数　C. 不合格率　D. 合格率

33. 按照数字修约规定,5.688 59修约到小数点后第三位为(　)。

A. 5.689　B. 5.688　C. 5.688 6

34. 任何服从正态分布的随机变量x取值与平均值μ的距离超过3σ的可能性仅有(　)。

A. 3.00%　B. 0.30%　C. 4.60%　D. 31.70%

35. 凡用测量客观条件不能解释为合理的那些突出的误差就是(　)。

A. 系统误差　B. 人员误差　C. 粗大误差　D. 随机误差

36. 抽样方案为(N,n,c),若检测出样本中的不合格数为d,那么(　)时,则认为该批产品不合格。

A. $d<c$　B. $d=c$　C. $d>c$　D. d为任意值

37. 下列说法不正确的是(　)。

A. 事件A为小概率事件,则事件A为不可能

B. A为必然事件,$P(\mathrm{A})=1$

C. 任意随机事件A,则$0\leqslant P(\mathrm{A})\leqslant 1$

D. 互斥事件 A 与 B，则 $P(A+B)=P(A)+P(B)$

38. 用烘干法测定含水率时，得到含水率的平均值为 20%，标准差为 1%，那么其偏差系数为（ ）。

A. 5　　B. 0.5　　C. 0.05　　D. 0.01

39. 60.4 + 2.02 + 0.222 + 0.0467 =（ ）。

A. 62.68　　B. 62.685　　C. 62.686　　D. 62.69

40. 下列表述哪个是对的（ ）。

A. 5 572 ±5m　　B. 5 572m ±5m　　C. (5 572 ±5)m　　D. 5 572m ±5

41. 工程质量检测的第一关是（ ）。

A. 抽取样品　　B. 接受任务　　C. 现场勘查　　D. 设备仪器准备

42. 随机投一枚硬币共 10 次，其中 3 次为正面，7 次为反面。则该随机事件（ ）为 3/10。

A. 出现正面的频数　　B. 出现正面的频率

C. 出现正面的概率　　D. 出现正面的可能性

43. 测得某钢筋抗拉强度为 1 351MPa，规范中合格的极限数值为≥1 400MPa，该测定值修约后为 1 400MPa，判定该组钢筋的结论为（ ）。

A. 合格　　B. 不合格　　C. 不一定　　D. 需要重做试验

44. 测得 10 个钢筋混凝土试样抗压强度分别为（MPa）：26.0、25.4、25.1、23.9、25.7、24.7、23.9、25.1、24.5、26.3，则样本均值、极差、标准差、变异系数分别为（ ）。

A. 25.1、1.2、0.822、3.3%　　B. 26.0、2.4、0.822、3.3%

C. 25.1、1.2、0.780、3.1%　　D. 25.1、2.4、0.7820、3.3%

45. 数理统计工作中，（ ）可以看出质量数据的分布和估算工序不合格品率。

A. 因果图　　B. 排列图　　C. 直方图　　D. 控制图

46. 若两个事件 A、B 是独立事件，则（ ）。

A. $P(A+B)=P(A)+P(B)$　　B. $P(AB)=P(A)P(B)$

C. $P(A-B)=P(A)-P(B)$　　D. $P(A)+P(B)=1$

47. 一验收批 10 组混凝土试块的抗压强度试验结果分别为：37.6、33.4、37.9、38.8、27.8、33.9、38.3、38.9、35.0、40.4（单位：MPa），则其极差为（ ）。

A. 4.2MPa　　B. 8.4MPa　　C. 12.6MPa　　D. 16.8MPa

48. (n/c) 抽检方案时样本特征值的最小值小于规定的界限为（ ）。

A. 合格品　　B. 不合格品

C. 根据 n 的大小进一步检验　　D. 根据 c 的大小进一步检验

49. 下列选项中，关于数字修约规则的叙述不正确的一项是（ ）。

A. 不允许连续修约　　B. 界限数值满足四舍五入法则

C. 四舍五入、奇收偶弃法则　　D. 记录测量值时，末位数字为估计数字

二、判断题

1. 如果为修约间隔整数倍的一系列数中，只有一个数最接近拟修约数，则该数就是修约数。（ ）

2. 如果在修约间隔整数倍的一系列数中,有连续的两个数等同地接近拟修约数,则这两个数中,只有为修约间隔奇数倍的那个数才是修约数。 ( )

3. 若随机变量 X 可在坐标轴上某一区间内取任一数值,即取值布满区间或整个实数轴,则称 X 为离散型随机变量。 ( )

4. 中心极限定理粗略地说就是:大量的独立随机变量之和,具有近似于均匀的分布。 ( )

5. 抽样检查是对产品做出判断,并做出相应的处理。 ( )

6. 从批中抽取用于检查的单位产品,称为样本。 ( )

7. 有一个或一个以上不合格的单位产品,即为不合格品。不合格品也可分为 A 类、B 类、C 类。C 类不合格品最为严重,B 类不合格品次之,A 类不合格品最为轻微。 ( )

8. 测量结果 19.80mm 与 19.8mm 的测量不确定度是一样的。 ( )

9. 测量结果中小数数字右边的"0"无意义,可以舍去。 ( )

10. 测量误差与测量不确定度在本质上是相同的。 ( )

11. 测量误差小,则测量不确定度也小,测量误差大,则测量不确定度也大。 ( )

12. 绝对误差和相对误差的量纲与被测量的量纲相同。 ( )

13. 通常用 $s(\bar{x})$ 表征测量仪器的重复性,用 $s(x)$ 评价以此仪器进行 n 次测量所得结果的分散性。 ( )

14. 当对同一被测量做 n 次测量,表征结果分散性的量 S 按下式算出时,称它为实验标准[偏]差:$S=\frac{\sqrt{\sum_{i=1}^{n}(x_i-\bar{x})^2}}{n-1}$。 ( )

15. 扩展不确定度有时也称为展伸不确定度或范围不确定度。 ( )

16. 精密度是在规定条件下所获得的独立测试/测量结果间的一致程度。精密度与真值无关,仅依赖于随机误差的分布。 ( )

17. 试验检测大量数据的加减运算过程中数字有效数位的选择应以小数点位数最少的为准。 ( )

18. 用因果图不可能一目了然地系统地观察出产生质量问题的原因。 ( )

19. 有效数字的位数越多,相对误差就越小。 ( )

20. 检测结果精密度高,准确度一定高。 ( )

21. 直方图从分布类型上可以分为正常型和异常型。正常型中间低,两边高,左右对称,呈正态分布。 ( )

22. 记录测量值时,要确定有效数字位,允许末两位为估计数字。 ( )

三、多选题

1. 服从均匀分布的测量有( )。

A. 电子计数器的量化不确定度

B. 摩擦引起的不确定度

C. 数字示值的分辨力

D. 射击时中靶点的横坐标(或纵坐标)

2. 服从正态分布的有(　)。

A. 度盘偏心引起的测角不确定度

B. 滞后

C. 在相同条件下加工出来的一批螺栓口径大小

D. 同一民族同性别成年人的身体高度

3. 抽样方案由(　)构成。

A. 样品的检查方法

B. 样本大小

C. 检测数据的处理

D. 判定规则

4. 抽样检查所研究的问题包括以下方面:(　)。

A. 采用何种抽样方式

B. 样品的检查方法

C. 取多大规模的样本大小

D. 怎样预先确定判定规则

5. 产品的质量特性可分为(　)和(　)。

A. 物理性能　B. 化学性能　C. 计量值　D. 计数值

6. 产品质量特性中的计数值可分为(　)和(　)。

A. 统计值　B. 测量值　C. 计点值　D. 计件值

7. 随机误差的统计规律性,主要可归纳为(　)。

A. 随机性　B. 对称性　C. 有界性　D. 单峰性

8. 用于不确定度 B 类评定的信息来源一般有(　)等。

A. 以前的观测数据

B. 对有关技术资料和测量仪器特性的了解和经验

C. 对观测列进行统计分析

D. 手册或某些资料给出的参考数据及其不确定度

9. 测量不确定度分为(　)和(　)。

A. 标准不确定度　B. 扩展不确定度

C. 合成不确定度　D. 系统不确定度

10. 标准不确定度包括(　)。

A. 扩展不确定度　B. A 类不确定度

C. B 类不确定度　D. 合成不确定度

11. 常用的抽样检测方法有(　)。

A. 散料抽样　B. 简单随机抽样

C. 系统抽样　D. 分层抽样

E. 重复抽样　F. 交叉抽样

12. 下列关于随机事件的说法正确的是(　)。

A. 在一次随机试验中,可能出现也可能不出现

B. 随机事件是不可能事件

C. 随机事件是概率论的研究对象

D. 随机事件是必然事件

E. 在多次随机试验中具有某种规律性

13. 关于事件 A 的概率，叙述正确的有(　)。

A. 由于频率总是介于 0 和 1 之间，故随机时间 A 的概率也总是介于 0 与 1 之间

B. 若 A 为必然事件，则其概率是 1

C. 若 A 为不可能事件，则其概率是 0

D. 若事件 A 在 10 次试验中发生 10 次，则事件 A 的概率为 1

E. 若 A 为小概率事件，通常认为在一次试验中 A 几乎不可能发生

14. 产生偶然误差的原因包括(　)。

A. 负责测定人员的技术水平

B. 负责测定人员的检测态度

C. 使用机械的精密程度

D. 测试中的差错情况

15. 系统误差的产生包括(　)。

A. 装置误差　　B. 环境误差

C. 方法误差　　D. 人员误差

E. 随机误差

16. 误差不同的表示方法有(　)。

A. 绝对误差　　B. 相对误差　　C. 计算误差　　D. 随机误差

17. 抽样检验时应注意以下问题(　)。

A. 抽样时间　　B. 验收批的划分

C. 样本的采取　　D. 明确检验标准

E. 统一检测试验方法

18. 检查批量生产的产品一般有如下哪几种方法(　)。

A. 全数检查　　B. 半数检查

C. 抽样检查　　D. 随机检查

E. 统计检查

19. 抽样检查类型有(　)。

A. 随机抽样　　B. 非随机抽样

C. 综合抽样　　D. 归纳抽样

20. 对下列数字进行修约，其中正确的是(　)。

A. 修约到 2 位有效数字 $4500 \to 45 \times 10^2$

B. 修约到十位数 $-245 \to -25 \times 10$

C. 修约到 0.5 个单位 $-50.75 \to -51.0$

D. 修约到 0.5 单位 $20.25 \to 20.5$

21. 样本的采取可根据实际情况采用(　)。

A. 随机抽样　　B. 分层取样

C. 两级取样　　D. 系统取样

22. 服从正态分布的随机误差具有以下特点(　)。

A. 单峰性　　B. 对称性

C. 有界性　　D. 抵偿性

23. 控制图可用来判断生产过程是否正常,是否处于稳定状态,其判别标准归纳为(　)。

A. 控制图上的点子不超过控制界限

B. 控制图上的点子排列必须是直线

C. 控制图上的点子的排列没有缺陷

D. 控制图上的点子排列必须光滑

24. 将下列数字修约到个位数,其中正确的是(　)。

A. $15.5^{-}\rightarrow16$　　B. $15.5^{+}\rightarrow15$

C. $-16.5^{-}\rightarrow-16$　　D. $-15.5^{+}\rightarrow-16$

25. 误差的计算包括(　)。

A. 算术平均值　　B. 标准误差

C. 平均值的标准差　　D. 极差

E. 偏差系数

26. 任意抛掷一枚硬币两次,落地后为正面的次数可能为(　)。

A. 1 次　　B. 2 次　　C. 3 次　　D. 0 次

27. 误差的来源包括(　)。

A. 设备误差　　B. 环境误差

C. 人员误差　　D. 方法误差

E. 系统误差

28. 异常型直方图类型有(　)。

A. 孤岛型　　B. 双峰型

C. 平顶型　　D. 正态型

E. 陡壁型

29. 下列关于因果图的叙述,正确的是(　)。

A. 一种逐步深入研究讨论质量问题的图示方法

B. 优于直方图

C. 又称特性要素图

D. 因果图可称为巴氏图

30. 下列叙述正确的有(　)。

A. 样本容量越大,相应的接受概率越小,抽样方案越严

B. 一次抽样方案,无论是记数的还是计量的,都必须抽取多个样本

C. 多次抽检方案只能抽取 3 个样本

D. 允许不合格产品数越大,相应的接受概率越大,抽样方案就越松

31. 将下列数字修约到个位数,其中正确的是(　)。

A. $25.5^{-}\rightarrow26$　　B. $24.5^{+}\rightarrow25$

C. $-26.5^{-}\rightarrow-26$　　D. $-25.5^{+}\rightarrow-26$

复习思考题参考答案

第 一 章

一、单选题

1. C　2. D　3. D　4. B　5. B　6. B　7. D　8. B　9. B　10. B
11. B　12. D　13. B　14. C　15. A　16. C　17. B　18. B　19. C　20. C
21. B　22. C　23. A　24. D　25. C　26. C　27. B

二、判断题

1. ✓　2. ×　3. ×　4. ✓　5. ✓　6. ×　7. ×　8. ✓　9. ×　10. ×
11. ✓　12. ✓　13. ×　14. ×　15. ✓　16. ✓　17. ×　18. ×　19. ✓　20. ×
21. ✓　22. ✓　23. ×　24. ×　25. ✓　26. ✓　27. ✓　28. ✓

三、多选题

1. ABCD　2. BCD　3. BCD　4. ACD　5. BD
6. DEF　7. AD　8. DB　9. ABDE　10. BCD
11. CDE　12. ABCD　13. ABC　14. BCDE　15. AD
16. ABCD　17. ABC　18. ABD　19. ABC　20. CD

第 二 章

一、单选题

1. A　2. A　3. C　4. A　5. B　6. A　7. C　8. B　9. A　10. A
11. B　12. A　13. B　14. B　15. C　16. D　17. C　18. C　19. C　20. C
21. B　22. A　23. B　24. D　25. C　26. C　27. A　28. A　29. B　30. A
31. B　32. B　33. D　34. D　35. C　36. A　37. B　38. A　39. C　40. C
41. C　42. C　43. C　44. A　45. A　46. A　47. B　48. D　49. C　50. C

二、判断题

1. ×　2. ✓　3. ✓　4. ×　5. ✓　6. ✓　7. ×　8. ✓　9. ×　10. ×

11. ✓　12. ✓　13. ×　14. ×　15. ×　16. ×　17. ×　18. ✓　19. ✓　20. ×
21. ×　22. ×　23. ×　24. ✓　25. ×　26. ×　27. ×

三、多选题

1. ABCD　2. BCD　3. ABCDE　4. AB　5. AB
6. ABDEF　7. ABDE　8. ABCE　9. BC　10. AB
11. ABCD　12. BCD　13. ABCDEF　14. ABCDF　15. AB
16. ABCD　17. AD　18. ADE　19. CDE　20. ABCD
21. ABCD　22. ABC　23. ABCD　24. CD　25. ABCD
26. ABCD　27. AB　28. BD　29. ABE　30. ABE
31. AD　32. ACD　33. ABC

第　三　章

一、单选题

1. A　2. A　3. B　4. C　5. B　6. D　7. C　8. C　9. A　10. A
11. B　12. A　13. B　14. D　15. C　16. A　17. D　18. B　19. A　20. B
21. C　22. C　23. C　24. B　25. B　26. C　27. C　28. C　29. B　30. B
31. D　32. A　33. B　34. B　35. C　36. C　37. A　38. C　39. D　40. B
41. A　42. B　43. B　44. D　45. C　46. B　47. C　48. B　49. B

二、判断题

1. ✓　2. ×　3. ×　4. ×　5. ×　6. ×　7. ×　8. ×　9. ×　10. ×
11. ×　12. ×　13. ×　14. ×　15. ✓　16. ✓　17. ×　18. ×　19. ✓　20. ×
21. ×　22. ×

二、多选题

1. ABC　2. CD　3. BD　4. ACD　5. CD
6. CD　7. BCD　8. ABD　9. AB　10. BCD
11. ABCD　12. ACE　13. ABCDE　14. BCD　15. ABCD
16. ABD　17. BCD　18. AC　19. AB　20. AC
21. ABD　22. ABC　23. AC　24. CD　25. AC
26. ABD　27. ABCD　28. ABCE　29. AC　30. AD
31. BCD

参 考 文 献

[1] 中华人民共和国计量法(1985 年 9 月 6 日　中华人民共和国主席令第 28 号).

[2] 中华人民共和国计量法实施细则(1987 年 2 月 1 日　国家计量局发布).

[3] 中华人民共和国标准化法(1988 年 12 月 29 日　中华人民共和国主席令第 11 号).

[4] 中华人民共和国标准化法实施条例(1990 年 4 月 6 日　国务院令第 53 号发布).

[5] 中华人民共和国产品质量法(2000 年 7 月 8 日　中华人民共和国主席令第 33 号).

[6] 建设工程质量管理条例(2000 年 1 月 30 日　国务院令第 279 号).

[7] 建设工程安全生产管理条例(2011 年 11 月 24 日　国务院令第 393 号).

[8] 危险化学品安全管理条例(2011 年 3 月 2 日　国务院令第 591 号).

[9] 公路水运工程安全生产监督管理办法(2007 年 2 月 14 日　原交通部令 2007 年第 1 号).

[10] 实验室和检查机构资质认定管理办法(2006 年 2 月 21 日　国家质量监督检验检疫总局令第 86 号).

[11] 实验室资质认定评审准则(2006 年 7 月 27 日　国家认监委国认实函[2006]141 号).

[12] 公路水运工程试验检测管理办法(2005 年 8 月 20 日　原交通部令[2005]第 12 号).

[13] 关于发布《公路水运工程试验检测机构等级标准》《公路水运工程试验检测机构等级评定程序》的通知(2008 年 8 月 21 日　交通运输部　交质监发[2008]274 号).

[14] 关于印发公路水运工程试验检测人员考试办法的通知(2007 年 2 月 14 日　原交通部质监综字[2007]4 号).

[15] 关于印发公路水运工程试验检测信用评价管理办法(试行)的通知(2009 年 6 月 25 日　交通运输部　交质监发[2009]318 号).

[16] 关于印发公路水运工程试验检测人员继续教育办法(试行)的通知(2011 年 10 月 25 日　交通运输部　厅质监字[2011]229 号).

[17] 关于印发公路水运工程试验检测机构换证复核细则(试行)的通知(2011 年 9 月 30 日　交通运输部　质监综字[2011]17 号).

[18] 关于进一步加强公路水运工程工地试验室管理工作的意见(2009 年 8 月 10 日　交通运输部　厅质监字[2009]183 号).

[19] 中华人民共和国行业标准. JT/T 828—2012　公路试验检测数据报告编制导则. 北京:人民交通出版社,2012.

[20] 交通运输部工程质量监督局,中国交通建设监理协会试验检测工作委员会.《公路试验检测数据报告编制导则》释义手册. 北京:人民交通出版社,2012.

[21] 关于印发工地试验室标准化建设要点的通知(2012 年 9 月 3 日　交通运输部办公厅厅质监字[2012]200 号).

[22] 关于印发公路水运工程试验检测人员考试办法的通知(2013 年 2 月 1 日　质监综字[2013]1 号).

[23] 关于发布《公路工程标准体系》的通知(2002 年 7 月 10 日　交公路发[2002]288 号).

[24] 关于发布《水运工程建设标准体系表》的公告(2007 年 6 月 2 日　原交通部公告 2007 年

第17号).

[25] 中华人民共和国行业标准. JTG F80—2004 公路工程质量检验评定标准. 北京:人民交通出版社,2004.

[26] 中华人民共和国行业标准. JTS 257—2008 水运工程质量检验标准. 北京:人民交通出版社,2008.

[27] 关于进一步加强和规范公路水运工程试验检测工作的若干意见(2013年2月6日 交质监发[2013]114号).

[28] 国际标准化组织(ISO)和国际电工委员会(IEC)联合发布:ISO/IEC17025:2005 检测和校准试验室能力的通用要求.

[29] 中华人民共和国国家标准. GB/T 8170—2008 数值修约规则与极限数值的表示和判定. 北京:中国标准出版社,2008.

[30] 中华人民共和国国家标准. GB 3100 ~ 3102—1993 量和单位. 北京:中国标准出版社,1993.

[31] 中华人民共和国国家计量技术规范. JJF 1001—2011 通用计量术语及定义. 北京:中国质检出版社,2011.

[32] 中国合格评定国家认可委员会. CNAS-CL 内部校准要求.

[33] 中华人民共和国法定计量单位(1984年2月27日 国务院发布).

[34] 国家认证认可监督管理委员会. 实验室资质认定工作指南. 北京:中国计量出版社,2007.

[35] 中华人民共和国国家标准. GB/T 15483.1—1999 利用实验室间比对的能力验证 第1部分:能力验证计划的建立和运作,北京:中国标准出版社,1999.

[36] 中华人民共和国国家标准. GB/T 15483.2—1999 利用实验室间比对的能力验证 第2部分:实验室认可机构对能力验证计划的选择和使用. 北京;中国标准出版社,1999.

[37] 中华人民共和国国家标准. GB/T 3358.1—2009 统计学词汇及符号 第1部分:一般统计术语与用于概率的术语,北京:中国标准出版社,2009.

[38] 中华人民共和国国家标准. GB/T 3358.2—2009 统计学词汇及符号 第2部分:应用统计. 北京:中国标准出版社,2009.

[39] 中华人民共和国国家标准. GB/T 4883—2008 数据的统计处理和解释 正态样本离群值的判断和处理. 北京:中国标准出版社,2008.

[40] 交通运输部工程质量监督局,交通运输部职业资格中心. 公路水运工程试验检测人员考试用书 公共基础(第二版). 北京:人民交通出版社,2012.